無償教育と国際人権規約

未来をひらく人類史の潮流

はじめに――無償教育の潮流と展望

1 「無償教育時代」の到来と有償教育との訣別

無償教育が日本と世界の21世紀の大きな流れとなりつつある。

無償教育は教育費負担の軽減だけでなく、教育の質と関係を変え、社会の未来をひらく人類史の新たな希望になるかも知れない。

本書は、「教育への権利」の実現のためすべての段階の無償教育と教育の充実・発展・改革を唱える公教育の国際基準、国際人権規約の理念を明らかにし（Ⅰ部・理念編：1～3章）、日本の現状を直視し（Ⅱ部・現状編：4～6章）、課題を提起する（Ⅲ部・課題編：7～11章）ことを目的としている。はじめに本書の基調、とくに無償教育の意義を概説する。

2012年9月11日、日本政府は閣議決定で1979年以来の国際人権A規約13条2項（b）（c）の無償教育条項の留保（適用しない方針）を撤回し、中等・高等教育（日本では高校や大学まで）の「無償教育の漸進的（段階的）導入」は政府の「誠実に遵守」（憲法98条）すべき条約となった。A規約の実行を促す国連の社会権規約委員会は、その留保撤回後（2013年5月）、5年後の2018年5月31日までに無償教育計画を迅速に作成し実施することなどを求めている（「201

8年問題」）。

同規約は、国連憲章が明記する第2次世界大戦の惨害から生まれた「人間の尊厳」の思想を踏まえ、13条にすべての人の「教育への権利」と権利にふさわしい教育目標—人格の完成・尊厳、人権・基本的自由の尊重、社会参加、諸国民などの理解・寛容・友好、平和の維持—を掲げた。その「権利の完全な実現」のため、①すべての段階の無償教育、②学校制度の発展、③適当（完全）な奨学金制度、④教育職員の物質的条件の不断の改善、の4点を締約国の義務としている。「2018年問題」は、2012年9月の日本政府の無償教育条項の留保撤回を契機にこれらの事項の総点検と実行を求めるものである。

国内では、これに呼応するように、2017年度から給付奨学金制度が発足した。同年10月の総選挙では幼児教育から高等教育までの教育無償化がほぼすべての政党の共通政策となり、予算措置などその具体化がすすめられ、私立高校では学費無償化（年収590万円未満世帯）、大学では低所得層の大学授業料の減免（同270万円未満世帯）、給付奨学金の拡充（同380万円未満世帯）が予定されている（2020年度）。

地殻変動的な情勢の変化であり、新しい時代の幕開けを予感させる。

しかし、政府が国際人権規約を無視してきた代償は大きい。同規約が1966年、国連総会で採択されて以来、2012年の無償教育条項の留保撤回までの約半世紀、政府は国際的潮流に反し、「自己責任」主義・「受益者負担」主義に基づく有償教育政策を強力に推進した。その結果、過重な教育費負担が少子化を加速し、経済の長期停滞を招くなど、日本の教育と社会に深刻な事態をもたらしている。教育予算は主要国最低レベルとなり、国の財政は世界最悪の赤字で破綻に瀕《ひん》し、人口は減少の一途を辿り、100年後に4割に減少する。国際人権規約は、憲法と同じく「大戦の惨害」(国連憲章)から生まれた人類史的遺産であり、政府は教育への権利の実現にとどまらず、全世界に対して戦争責任を果たすために、率先してこれを「誠実に遵守」(憲法)すべきであった。

この間、教育熱心な国民の多くは高等教育、特に大学への進学を希望したが、私学が8割を占める〝世界一の高学費〟政策のもとで夢は阻まれてきた。大学(学部)進学率は、高度経済成長時代の1962~70年まで10%台、その後20年間は20%台と停滞し(1961年まで10%以下、62~71年間10%台、72~94年間20%台)、現在(2018年)の52・6%の5分の1~2分の1に抑制され、現在43歳(1974年生まれ)以上の年齢層の7割以上はいわば〝大学難民〟であった。

政治は未来をつくるしごとであるが、この政策は多くの国民の未来を台無しにした〝政治災害〟であり、与党・政府、とりわけ財政の総元締めの財務省(旧大蔵省)の歴史的失政であった。

いま、直ちに無償教育政策に舵を切り、出生率が上向いても、その効果は生まれた子が成人になり、社会で働き出す早くて20~30年後であり、1年遅れればそれだけ日本社会の回復は遅れ衰退が加速する。山積する難題の根源、少子化問題の解決は一刻の猶予も許されず、最大の失政である有償教育政策の無償教育政策への完全な転換こそ、日本社会が総力をあげて立ち向かうべき最優先の救国的課題の一つといってよい。

この情勢を着実に前進させるには世界史的・人類史的潮流である「無償教育」、それと一体のそれにふさわしい教育改革について国民的論議を高め、理解を広める必要がある。

教育関係者も、概して無償教育への関心は高いとはいえない。今日、大学進学率は5割に達しているが、高学費のもとで少なくとも5割の子どもは、小学校、中学校、高校の頃から家計を考え、大学進学の夢が描けず、学習も学校生活も消極的にならざるをえないだろう。無償教育の前進は今日ではすべての学校段階の教育効果を左右する根幹的問題であり、とりわけ教育関係者の社会的責任と考えるべきである。ちなみに、フィンランドの世界トップクラスの学力（PISA＝OECDの国際学習到達度調査）は、大学までの「無償で教育を受ける権利」（憲法）保障に基づく教育平等化政策が支えている。

政府は、「2018年問題」の対応である2018年5月31日期限の「（A規約）第16条及び第17条に基づく第4回政府報告に関しては、できる限り早期に提出するよう、現在、鋭意作成の作業をすすめている」と議員の質問主意書に答弁し（5月25日）、その作成に向け市民団体との意見交換会を開催した（7月24日）。しかし、教育の責任官庁の文科省の「第2期教育振興基本計画」（2018〜22年度、6月15日閣議決定）や中教審の将来構想論議（今年秋に答申予定）では国際人権A規約13条・無償教育条項などに一切言及がなく、大学管理・経営団体（国立大学協会、日本私立大学連盟）の最近の大学「将来像」も同様である（大学教職員組合は無償教育条項の完全実行を求めている。後述）。同条は、高等教育までの「直接の費用」（授業料）と「間接の費用」（学校納付金）の無償と完全な奨学金制度を方針とし、その実現のための無償教育計画の作成を求めているが、政府の現段階の無償教育論議は一部の低所得世帯対策にとどまり、この期に及んで人権規約を無視し続け、大学管理・経営団体もそれに同調しているといわざるをえない。

2 無償教育の意義と展望

「無償教育」(free education)という公教育拡充の国際基準である国際人権A規約13条の言葉は、有償教育政策の日本ではなじみが薄く、その部分的実現を意味する「教育無償化」「教育費無償化」などと称されてきた。「無償教育」を制度として実現、拡充するとともに、それを実践で裏付け、意義を深め、言葉として定着させていくことは今後の大きな課題である。その歴史的・教育的な意義・展望を考えてみよう。

人間(ヒト)は「教育的動物」といわれる特殊な動物であり、「人間は教育によってつくられる」(18世紀の教育思想家のルソーやカント以来の説)。近年、「21世紀の科学」といわれる脳科学により「人間らしさ」の発達の科学的根拠が一段と解明されつつある。

ほかの動物では遺伝子に刻まれた「本能」を基本に能力が発現するが、人間はその上に教育に大きく依存しながら発達し能力を形成するように特異な進化を遂げた動物である。人間は、人類史700万年の99・9%の期間、狩猟採集時代、少人数の共同体で知恵と愛情を注いで無償で子どもを育て、共同性(思いやりや助け合いなど)を本質とする人間らしさを形成してきた。親はエゴから解放され、どの子もわが子として可愛がり、親も子もだれからも学び合い教え合い、人間らしく全面的に発達した。無償教育の伝統が人類進化の源泉であった。

しかし、階級社会や貨幣経済の発生・発展のもとで、無償教育はしだいに有償教育に偏向、肥大化し、子育てや教育も「金の切れ目が縁の切れ目」、エゴや競争の場に変質し、共同の関係が失われる。

国際人権A規約13条に集約された現代の無償教育思想は、その伝統の蘇生、人類の復元力の証であり、未来への羅針盤にふさわしい。すべての人が無償教育により経済的理由などに関係なく、教育・学習の機会が権利として保障され、人間的共同にふさわしい教育が組織されるならば、個人も社会も人間らしい未来がひらかれる転機となる。

無償教育は、一人ひとりの教育を公費により社会全体で支える「公費教育」であり、教育を受ける人、学習者は、その成果を個人の利益だけでなく、学習を支える社会全体の利益のために役立てようとする人格や学力・教養の形成が促される。打算や営利を超えて人や社会に尽くす無償行為能力は人格の核心であろう。反対に、肥大化した有償教育のもとでは、教育や学習はその「投資」を回収するための私的利益の追求の手段となりやすく、公的利益への関心や実現の意欲は希薄となり、人格形成が根底から脅かされる。打算や営利のみを行為の動機とする有償行為能力の助長は教育と人間の条理に反する。

また、学費の私費負担は、学生の保護者への依存・負い目意識を強め、精神の自立、人格の発達、主権者の自覚を妨げる。「無償教育」は「公費教育」であり、「公費」は社会全体の利益に生かされるべきであり、恣意的・権力的統制は許されない。無償教育にふさわしい学校制度の創造とともに、教育実践では、その可能性を引き出す意識的な学校運営、教育実践、学習者の学びが求められる。

無償教育は、学費や学校納付金が無料、必要に応じ奨学金や生活費が給付される制度である。しかし、教育の目的や内容が統制され、人間らしい発達を妨げ、学校や施設が不備、教師の地位が低いなど教育条件・労働条件が劣悪ならば、無償教育は歪められ、空洞化し、その価値や効果は低下する。国連から「極度の競争制度」の改善が勧告されている日本の学校制度もそのひとつである。無償教育は、経済的負担の軽減・解放にとどまらず、教育・学習の目的・内容、実践や条件・制度の改善と一体的に考え、改善・拡充されなければならない。

さらに、無償教育は制度の枠内だけでなく、その伝統のように、子ども・青年・学習者のために親・保護者、家庭、地域、集団、社会などが行う制度を超えた無償の行為、献身、奉仕などを含み、それらの価値や可能性が引き出される教育の蘇生・創造活動であり、社会全体の教育改革の原動力となろう。

無償教育は、多額の公費を要するが、経済発展のブレーキではなく、そのアクセルになるにちがいない。それは、少子化の解決にも道を開き、すべての人の能力を生涯にわたり最大限に発達、発揮させ、教育費負担で圧迫された家計の消費、内需を爆発的に拡大し、人間的な経済活動を促進するなど、経済や社会の新たな発展の原動力になる。

教育は人間の発達、社会の進歩の根源であるが、世代毎に能力形成を繰り返す「絶対的限界」があり、他方、人類の蓄積する正負の文明は膨張を続け、やがてその乖離が制御不能の域に達することが予感される（例、戦争、核兵器、原発、ＡＩ）。非力な「教育の力」を飛躍的に高めるには、その自由、共同、条件を最大限保障する制度の基盤―無償教育の盤石な確立が必要不可欠である。

◇　　◇

本書は、国際人権A規約13条・無償教育条項を中心とするいわゆる「２０１８年問題」に関する「奨学金の会」（57頁参照）の取り組みの過程での私の関連集会での講演や論文をもとにまとめたものです。それらは、２０１８年11月8日の同会結成10周年プレ企画集会（参議院議員会館）での講演、それをベースとした論文「教育無償化・奨学金と『２０１８年問題』――迫られる政府の国際人権A規約13条履行義務」『経済』２７０号（２０１８年3月）、２０１８年3月7日の同会結成10周年企画集会（衆議院議員会館）、２０１８年5月23日の論文「国際人権A規約13条『２０１８年問題』市民報告書（試案）『無償教育と教育への権利の実現に向けた提案』」（同会の外務大臣、文部科学大臣、財務大臣宛て文書）などです。

刊行に際しては、「奨学金の会」関係のみなさんや新日本出版社の久野通広さん、柳沢健二さんにお世話になりました。厚くお礼申し上げます。

２０１８年7月

三輪定宣

〈目次〉

Ⅰ部　国際人権規約と無償教育

第1章　国際人権A規約13条と「2018年問題」

国際人権規約は、国連憲章（1945年6月）、世界人権宣言（1948年12月）に基づき半世紀前、1966年12月に国連で採択された。世界人権宣言の条約化は、その制定直後から始まり、1951年6月には経済社会理事会・人権委員会の草案28条（9項目）にA規約13条とほとんど同じ内容（「高等教育」の「無償教育の漸進的導入」を含む）が盛り込まれていた。

条約採択までにその後15年を要したが、無償教育は戦後初期、すでに70年前から国際社会では公教育拡充の共通の指針であった。前述の通り日本はこの13条・無償教育条項を留保し続け、2012年9月にようやくそれを撤回し、条約として拘束されることになり、2018年5月31日までに無償教育計画の作成その他の義務の履行が迫られていた（「2018年問題」）。

I部ではA規約13条と「2018年問題」（第1章）、無償教育条項の意義（第2章）、「2018年問題」への官民の対応と市民運動（第3章）について説明し考察する。

1　国際人権A規約と第13条

国際人権A規約「経済的、社会的及び文化的権利に関する国際規約」（A規約）は、「市民的及び政治的権利に関する国際規約」（Ｂ規約）と一対で１９６６年12月16日、国連総会で採択され、76年、35カ国の批准で発効した。構成は、前文と31条からなり、人民自決、差別禁止、男女平等、労働、労働条件、労働基本権、社会保障、生活水準、健康、教育、文化・科学に関する権利（以上、１～15条）、政府の措置の報告や専門機関の勧告等の履行手続き（16～31条）からなる。

日本政府は、１９７９年６月21日、本規約を批准したが、13条２項（ｂ）（ｃ）の無償教育条項等を留保した。その後33年を経過した２０１２年９月11日、政府（旧民主党政権）は同項の留保撤回を閣議決定して国連事務総長に通告し、外務省は「この通告により、日本国は、平成24年９月11日から、これらの規定の適用に当たり、これらの規定にいう『特に、無償教育の漸進的導入により』に拘束されることになります。」との通知を発表した。締約国１６０カ国中１５９番目であった（ほかにマダガスカル。２０１５年７月現在、世界１９６カ国・地域のうち締約国１６４カ国）。第13条１、２項全文は、以下の通りである。

国際人権Ａ規約第13条１、２項

１　この規約の締約国は、教育についてのすべての者の権利を認める。締約国は、教育が人格の完成及び人格の尊厳についての意識の十分な発達を指向し並びに人権及び基本的自由の尊重を強化すべきことに同意する。更に、締約国は、教育が、すべての者に対し、自由な社会に効果的に参加すること、諸国民の間及び人種的、種族的又は宗教的集団の間の理解、寛容及び友好を促進すること並びに平和の維持のための国際連合の活動を助長することを可能にすべきことに同意する。

2　この規約の締約国は、1の権利の完全な実現を達成するため、次のことを認める。

（a）初等教育は、義務的なものとし、すべての者に対して無償のものとすること。

（b）種々の形態の中等教育（技術的及び職業的中等教育を含む。）は、すべての適当な方法により、特に、無償教育の漸進的導入により、一般的に利用可能であり、かつ、すべての者に対して機会が与えられるものとすること。

（c）高等教育は、すべての適当な方法により、特に、無償教育の漸進的な導入により、能力に応じ、すべての者に対して均等に機会が与えられるものとすること。

（d）基礎教育は、初等教育を受けなかった者又はその全課程を修了しなかった者のため、できる限り奨励され又は強化されること。

（e）すべての段階にわたる学校制度の発展を積極的に追求し、適当な奨学金制度を設立し及び教職員の物質的条件を不断に改善すること。

3項は「公の機関によって設置される学校以外の学校」を「選択する自由及び自己の信念に従って児童の宗教的及び道徳的教育を確保する自由」、4項は「個人及び団体が教育機関を設置し管理する自由」（いずれも国の最低限度の基準に適合することが条件）を定めている。外国人学校・民族学校の設置、選択などの自由の根拠である。

無償教育に直接関係する規定は、2項（a）の初等教育の無償、同（b）（c）の中等・高等教育の「無償教育の漸進的な導入」（the progressive introduction of free education）、同（e）の「適当な奨学金制度」（an adequate fellowship system）である（外務省訳「適当な」は「完全な」が適訳か）。

それを含め、国際人権A規約13条は、締約国に適用される公教育拡充の国際基準であり、それは以下の諸点にわたる（カッコは社会権規約委員会の解釈基準）。

国際人権A規約13条の規定内容（公教育拡充の国際基準）

①教育への権利と人格の完成・尊厳、人権・自由の尊重、社会参加、友好・平和の教育理念の厳密な実現（核心は「人格の完成」。世界人権宣言26条に追加した事項3点―人格の尊厳、社会参加、すべての「民族的」〈ethnic＝外務省訳「種族的」〉集団の間の理解）

②あらゆる段階の無償教育（直接・間接の費用含み、所得制限なし）

③学校制度の発展

④適当（完全）な奨学金（給付奨学金、不利な立場の個人の平等化重視）

⑤教育職員の物質的条件の不断の改善（初等〔就学前を含む〕・中等・高等教育）

国際人権A規約13条は教育条項であるが、その解釈・運用では他の関係条項が関係する。例えば、第2条1項は、締約国の義務として、「立法措置その他のすべての適当な方法によりこの規約において認められる権利の完全な実現を漸進的に達成するため、自国における利用可能な手段を最大限に用いる」と規定している。「教育への権利」の実現についても、立法・行政・司法などすべての措置と政府の最大限の積極的役割が義務づけられているのである。

同2項は、規約が規定する権利が「いかなる差別もなしに行使される」とし、外国人やその学校などにも一切の差別が禁じられている。また、「漸進的導入」は主に途上国を考慮しており、無償教育条項を含め先進国は可能な限り迅速かつ効果的な達成が求められると解されている。このように13条の解釈・運用は2条の規定とも密接に関係している。他の条文でも同様である。

また、国際人権A規約13条は、その後に発表された国連関連の教育に関する条約、勧告、宣言等の公的文書の基礎となり、公教育を方向づける(1)。例えば、①「子どもの権利条約」（全54条、1989年11月20日、国連44回総会）、②「成人学習及び成人教育に関する勧告」（全29項、2015年11月13日、ユネスコ第38回総会採択）、③「技術教育及び訓練並びに職業教育及び訓練（TVET）に関する勧告」（同）は、それぞれの条文で「A規約13条に定める諸原則」を確認している。

さらに、国際人権A規約は、国連が採択した人権条約・勧告・宣言等との関連で解釈・運用され、補強される。しかし、日本は国際条約・勧告で未批准で拘束力のないものが多く、例えば、国連人権関係条約32のうち未批准19であり、「教育における差別を禁止する条約」（1960年）、同勧告（1960年）、「技術及び職業教育に関する条約」（1989年）など教育への権利保障に重要な条約が未批准である(2)。

ＩＬＯ関係では１７２条約のうち未批准85にのぼり、労働者保護、年次有給休暇、有給教育休暇など重要な条約の多くが未批准である。Ａ規約13条・無償教育条項の留保撤回の遅れに露呈した国際条約軽視、内向きの姿勢を改め、教育人権についても国際社会に協調し、その到達水準を積極的に反映させる必要がある。

２　社会権規約委員会「一般的意見」

国際人権規約の条文は各数行程度であるが、その解釈基準は、社会権規約委員会（１９８５年、国連経済社会理事会に付設、18人で構成、１９８７年から活動、任期４年）の「一般的意見」（General Comment）で詳しく説明されている。

13条に関しては「**一般的意見13**（教育への権利＝規約第13条）」（１９９９年12月８日、全60パラグラフ、Ａ４判英文14頁、政府訳なし。以下は三輪が他の訳を参考に翻訳）であり、Ⅰ（13条の規範内容）、Ⅱ（締約国の義務と違反）、Ⅲ（締約国）の３部で構成される。

Ⅰの事項―13条１項（教育の目的）、13条２項（教育への権利＝利用可能性〔教育条件整備〕、アクセス可能性〔無差別、近い場所、無償〕、受容可能性〔１項の教育目標〕、適合可能性〔社会のニーズへの適合〕）、13条２項（ａ）（「初等教育」は基礎教育の中心）、13条２項（ｂ）（無償化の具体的措置の義務、技術・職業教育）、13条２項（ｃ）、13条２項（ｄ）（基礎教育を受けなかった者、成人・高齢者を含む）、13条２項（ｅ）、13条３・４項（教育の自由）、13条の適用事項（２条２項の差別禁止）、学問の

自由と機関の自治（生徒の学問の自由、参加型自治など）、学校の規律（体罰禁止と個人の尊厳）

Ⅱの事項―一般的な法的義務（漸進的実現の即時・効果的措置の義務と計画的・具体的・明確な目標の設定、後退的措置の禁止、教育への権利の3義務―尊重、保護、充足〔環境整備〕、国の主たる責任）、具体的な法的義務（1項の教育目的を指向するカリキュラム、学校制度の積極的発展、無償教育に向けた即時措置義務と指標を明示した国家的教育戦略、不利な立場の集団を援助する奨学金制度、教育の最低基準の作成と監視システム、児童労働の禁止、ジェンダー偏見除去、教育への権利の国際援助・協力、教育の自由な選択）、違反（作為と不作為の違反、1項の教育目的に合致しないカリキュラムの使用と監視システムの不在、無償教育の漸進的実現措置の不在）

Ⅲの事項―国連諸機関の教育への権利の実施の協力・援助・保護。

以下、教育に関する主なパラグラフを掲げる。

2パラグラフ：「規約のなかでもっとも長い規定である第13条は、国際人権法のなかで、教育への権利に関するもっとも広範かつ包括的な条文である。」

26パラグラフ：「『十分な奨学金制度を設立』しなければならないという要請は、規約の無差別平等条項と一体的に読まれるべきである。奨学金制度は、不利な立場の集団に属する個人の教育の機会均等等を高めなければならない。」

27パラグラフ：「ユネスコ・ILO『教職員の地位に関する勧告』（1966年）およびユネスコ『高等教育職員の地位に関する勧告』（1997年）に対して締約国の注意を促し、かつ、あらゆる教育職員がその役割に相応する条件及び地位を享受することを確保する措置の報告を締約国に勧告する。」

41パラグラフ：「体罰は（中略）国際人権法の基本的指導原則、すなわち個人の尊厳に一致しないものである。学校における規律の維持の他の側面も、人前で屈辱を与えることのように、人間の尊厳に一致しない場合がある。」

44パラグラフ：「漸進的実現とは、締約国には第13条の全面的実現にむけて『できるかぎり迅速にかつ効果的に行動する』具体的かつ継続的な義務があることを意味する。『無償』という言葉の意味に関する委員会の一般的所見については、第14条に関する一般的意見11のパラグラフを参照」。（注：第14条は、無償の初等義務教育の未実施国の2年以内の行動計画作成・実行の義務づけ。）

49パラグラフ：「あらゆる段階の教育制度の教育課程（curricula）が第13条1項に挙げられた目標を指向することを確保するよう求められる（中略）教育目標を指向しているかどうかを監視（monitor）する、透明かつ効果的なシステムを確立し維持する義務もある。」

52パラグラフ：「（無償教育を含む）国家的教育戦略を採択し、実施するよう求められる。この戦略には、教育への権利に関する指標および基準点のような、進展が緊密に監視できるようなしくみが含まれるべきである。」

53パラグラフ：「第13条2項（e）（注―適当な奨学金制度）に基づき、締約国は、不利な立場に置かれた集団を援助するために教育上の奨学金制度が設置されることを確保する義務を負う。」

58パラグラフ：「第13条の違反は、締約国の直接的行為（作為）または規約によって求められる行動をとらないこと（不作為）を通じて生じうる。」

59パラグラフ：「例えば、第13条の違反にはつぎのようなものが含まれる。（中略）第13条1項に掲げられた教育目標と一致しない教育課程を用いないこと。第13条1項との適合を監視する透明かつ効果的なシステムを維持しないこと。第2項（b）～（d）に従い、中等、高等および基礎の教育の漸進的実現に向けた『計画的、具体的かつ目標の明確な』措置をとらないこと。」

「無償」の範囲を定めた**「一般的意見11」**（1999年5月10日、全11パラグラフ）の関係部分は以下の通りである。

7パラグラフ：「『無償』には『直接の費用』のほか、『父母に対する義務的な徴収金（実際にはそうでなくても、自発的とされることがある）のような間接の費用や少し高価な制服の着用義務も同じ範囲に含まれる。』」

3　社会権規約委員会「総括所見」と「2018年問題」

規約の実施は締約国の義務であり、規約や「一般的意見」に基づき各国政府は必要な措置を取り、国連に定期的（5年ごと）に報告（政府報告制度）する。それに基づき社会権規約委員会が審査を行い、その結果を総括した評価、懸念事項、提案、勧告などを含む見解が政府に報告され（総括所見、concluding observation）、政府はそれを参考に措置を改善、前進させる。日本政府報告は、第1回（1981年9月～86年3月）、第2回（1990年6月）、第3回（2009年12月）を経て、第4回の期限（2018年5月31日）を迎えている。

日本政府の第13条2項（b）（c）留保撤回（2012年9月11日）後に出された「日本の第3回定期報告に関する総括所見」（2013年5月17日。政府仮訳、一部、三輪修正）は全37パラグラフにわたる。

その項目の構成は、A序論、B第3回政府報告等の評価、C懸念事項と勧告である。

C懸念事項と勧告＝国内法体系の効力と即時的効力（「漸進的実現」の迅速・効果的達成）、国内人権機構未設置、社会保障予算削減、女性・非嫡出子・同性カップルの差別、雇用差別、障害者差別、性的役割意識、刑務作業の強制労働、有期労働契約、長時間労働、最低賃金・男女賃金格差、セクシャル・ハラスメント、移民労働者、無年金・低年金高齢者、最低保障年金、配偶者暴力、東日本大災害・福島原発事故の救済・安全対策、慰安婦問題、朝鮮学校の支援金不支給、外国人児童の就学、アイヌ人の待遇、高校入学金・教科書代の無償、科学の進歩の利益享受、政府開発援助、最終見解の広報と市民団体との対話、期限内の報告。

教育関係のパラグラフはつぎの通りである。

5パラグラフ：「無償教育の漸進的導入に関する第13条2（b）及び（c）の留保の撤回に満足をもって留意する。」

7パラグラフ：「委員会は、締約国が本規約の規定を国内法体系において効力を与えていないという従前の懸念を再度表明する。この結果、締約国の裁判所は本規約の規定が国内的に適用できないとする判断を下している。また、委員会は、締約国が本規約の下での義務について即時的効力がないと解釈していることに懸念を表明する。（中略）締約国に本規約に定める諸権利は加盟国に対し最小限の中核的な義務を即時的に負わせるものであり、『漸進的実現』との用語は本規約の権利の完全な実現を可能な限り迅速かつ効果的に達成するよう義務を課するもの」

27パラグラフ：「高等学校等就学支援金制度は朝鮮学校に通学する生徒にも適用されるよう要求する。」

29パラグラフ：「漸進的に完全な無償の中等教育を提供するため、早急に公立高校授業料無償制・高等学校等就学支援金制度に入学金及び教科書代を含めるよう勧告する。」

36パラグラフ：「本最終見解を履行するために講じた措置に関する情報を提供することを要請する。また、委員会は、締約国に対して、本報告の審査においてその関心事項を表明した団体を含む市民社会団体との対話を、次回定期報告の提出に先立つ国家レベルで開催される対話において継続することを慫慂《しょうよう》する。」

37パラグラフ：「次回の定期報告を2018年5月31日までに提出することを要請する。」

日本政府は次回定期報告書の期限までに関係団体と対話し、意見を聴取し考慮することが奨励されている。「一般的意見13」の未履行の主要事項とこの最終見解を含め、日本政府に求められる措置＝「2018年問題」は、少なくとも以下の諸点にわたる。

社会権規約委員会が日本政府に求める措置＝「2018年問題」

①無償教育の迅速・効果的達成と計画的・具体的・目標明確措置

②朝鮮学校に対する高校就学支援金支給
③高校の授業料無償計画の作成、入学金・教科書の早急の無償措置
④学校教育費の直接の費用（授業料等）と間接の費用（学校納付金等）の無償措置
⑤給付奨学金の拡充（不利な立場の個人の教育の機会均等重視）
⑥初等（就学前を含む）・中等・高等教育の教育職員の地位に関する勧告の着実な実施
⑦第13条1項の教育目標（人格の完成・尊厳、人権・基本的自由の尊重、社会参加、諸国民等の理解・寛容・友好、平和の維持など）に違反しない教育課程・教科書等の監視システムの整備と学校制度の発展

なお、国連は、採択した各種の人権条約の実行を関係委員会を通して締約国に促しており、社会権規約委員会のほか、自由権規約委員会、子どもの権利委員会、人種差別・女性差別・拷問禁止の各関係委員会が、定期的に政府報告を求め、総括所見を決定している。日本の教育問題についてもそれぞれの立場から多様な意見や勧告がのべられている。

第2章　国際人権A規約13条の意義と思想

1　国際人権規約と無償教育条項の世界史的・人類史的意義

（1）国際人権A規約13条の世界史的意義

【戦後国際法制の成立】 国際人権A規約の前文は、国際連合憲章（1945年6月26日署名）の原則、「人間の固有の尊厳」に権利が由来することを冒頭に明記している。

同憲章前文は、「われらの一生のうちに二度まで言語に絶する悲哀を人類に与えた戦争の惨害から将来の世代を救い、基本的人権と人間の尊厳及び価値と男女及び大小各国の同権とに関する信念をあらためて確認」することを宣言した。これを受け、ユネスコ憲章（同年11月16日採択）は次のように謳っている。――「戦争は人の心の中で生れるものであるから、人の心の中に平和のとりでを築かなければならない。（中略）ここに終りを告げた恐るべき大戦争は、人間の尊厳・平等・相互の尊重という民主主義の原理を否認し、これらの原理の代りに、無知と偏見を通じて人間と人種の不平等という教義をひろめることによって可能とされた戦争であった。文化の広い普及と正義・自由・平和のための人類の教育とは、人間の尊厳に欠くことのできないものである」。

国連憲章、ユネスコ憲章の理念は、世界人権宣言（1948年12月）、児童権利宣言（59年11月）、教育における差別を禁止する条約（60年12月）、あらゆる形態の人種差別の撤廃に関する国際条約（65年12月）、国際人権規約（66年12月）、子どもの権利条約（89年11月）などに継承される。「人間の尊厳」の確立の基本である教育の目的に「人格の完成」が明示され、その条件として「無償」が規定された。国際人権A規約13条は、「教育への権利」と人格の完成・尊厳、人権・基本的自由、社会参加、友好・平和などの教育目的を謳い、その「権利の完全な実現」のためいわば人類再生の要として無償教育等を規定したといえよう。

しかも、同条の案文は終戦直後から国連内部で合意が成立していた。国際人権規約制定の作業は1948年の「世界人権宣言」採択直後から始まり、1951年6月には経済社会理事会・人権委員会の草案28条（9項目）にA規約13条とほとんど同じ内容（「高等教育」の「無償教育の漸進的導入」を含む）が盛り込まれていた。採択までにその後15年を要したが、無償教育の実現は国際社会では共通の指導指針と考えられていた(1)。

世界人権宣言は人権規約の基礎であり、その26条は「教育を受ける権利」と教育の「無償」を定めている。その意義について国際教育局長（戦前の国際教育機関、戦後、ユネスコに合流）のJ.ピアジェ（1896～1980年、スイスの世界的な発達心理学者）は長大な論文でそれを解説している（「現代の世界における教育を受ける権利」全55頁、ユネスコ『精神の諸権利』、人権叢書1巻）。その要点は、動物は遺伝による本能に規制されるが、人間は教育によって形成され、それゆえ「教育への権利」は「精神的機能の全面的発達」（特に理性と道徳）の権利であり、教育は無償（授業料、教材費等、給費制）であるべきという考えである。ピアジェは、戦前、国際新教育連盟（1921年結成、「人間としての尊厳」の意識の育成など重視）を主導し、ジュネーブ大学教授、ルソー研究所所長と兼任で1929年以来、国際教育局長を務め、大戦前後、教育論で世界的に影響を与えた。人権規約の解釈にはピアジェなどの解説が十分に参考にされるべきである。

1960年代後半は、〝世界革命〟の激動が各国に連鎖し（世界的なヴェトナム反戦運動や大学紛争、フランス5月革命など）、空前の人権と平和の機運のなかで同規約は採択された。そこにいたる戦後国際法制は、ファシズム国家による侵略戦争の惨害への深い反省と断絶のもとで形成された。とりわけ日本は、「満州事変」（1931年）、国際連盟脱退（1933年）などその後のドイツ・ナチスのポーランド侵攻（1939年）、国際連盟脱退（1933年）の先例、日独防共協定（1936年）のステップとなり、戦死者6000〜8000万人（諸統計の差異）の「戦争の惨害」（国連憲章）の引き金を引いた重い戦争責任に照らし、全世界に率先して国際法規を誠実に履行する責務がある。

【戦前の内外の反戦・平和教育の努力】他方で日本は戦争遂行一色ではなく、内外で反戦の努力が続けられた。例えば、日本教員組合啓明会は「教育改造の四綱領」（1920年）を提起し、「侵略主義に反対」し、「全人類愛の精神の徹底」のため「敵愾心《てきがいしん》を助長すべき教科を排斥」するため、「国際連盟」の「完全な発達」と「国際教育会議の開催を要求」し、「小学より大学までの公費教育の実現を期す」と無償教育を宣言した。

これを受け(2)、日本が常任理事国を務めた国際連盟（1919～39年）は、新渡戸稲造《にとべいなぞう》事務局次長を軸に、締約国の「戦争に訴えざる義務」、国家による戦争の違法化を制度化し、平和教育を促進した。その「知的協力国際委員会」（ICIC、代表幹事・新渡戸、キュリー夫人〔ポーランドの科学者、放射線研究でノーベル物理学賞・化学賞〕、アインシュタイン〔ドイツの科学者、一般相対性理論でノーベル物理学賞〕など有識者12人で構成。戦後のユネスコの前身）は、『国際連盟についての教育』（1923年、専門家委員会設置、その小冊子）、『教科書の改訂』（1932年）、『教科書と国際理解』（1934年）、『歴史教育に関する宣言』（1937年）などにより、国際間の友好を阻む教科書や歴史教育の改訂を各国に呼びかけた。同委員会はその後、国際教育局、ユネスコの母体となり、国際教育の出発点となった。パリ不戦条約（「戦争放棄に関する条約」1928年）は、「国際紛争解決のため戦争に訴えること」を禁じ、「戦争を放棄」することを宣言し、国際紛争解決は「平和的手段」に限定した。その精神は日本国憲法第9条に継承されている。

日本政府が、国際人権A規約13条・無償教育条項を留保し、その撤回・批准（2012年）が締約国160カ国中159番目であったという事実は、教育人権確立の国際協調を無視した独善的態度というほかはなく、戦前の内外の国際協調の努力にも反している。遅きに失した方針転換を反省し、無償教育を可及的速やかに前進させるべきである。

【アメリカの単独行動主義】 なお、現在、国連の多国間主義に反し単独行動主義が目立つアメリカは、国際人権規約や子どもの権利条約を批准していない。共和党トランプ大統領当選後の下院・外交委員会（2017年1月3日）は同党議員提出の〝国連脱退法〟（米国国権回復法）を可決し、国連の全機関からの撤退、拠出金や平和維持活動の停止などを盛り込んだ。未執行であるが、少なくともアメリカの国際人権規約の批准は当分、期待できない。2018年6月には、国連人権理事会を脱退した。戦前もウイルソン大統領の国際連盟の加盟提案（1920年）が上院で否決され、戦後もユネスコ脱退（1982〜2002年、2017年―トランプ政権下）など単独行動主義がしばしばみられた。この問題で日本政府は〝対米協調〟ではなく、誠実に履行義務を果たすどうか注目される。

（2）国際人権A規約13条の人類史的意義

【人間の本質と人類史における無償教育の伝統】人間（ヒト）は「教育的動物」といわれる特殊な動物であり、「人間は教育によってつくられる」（ルソー、カント）。ほかの動物では、遺伝子に刻まれたプログラムにしたがって「本能」があらわれ、能力を発現、発揮するのに対し、人間は、「本能」だけでなく、教育に大きく依存し、教育を受けて文化を身につけ能力を発達させるように特異な進化を遂げた生物である。他の動物が能力を基本的に「本能」に依存し、長期安定的（しばしば数億年）に生存するが、ヒトは、生命の歴史（38億年）では比較的最近（約700万年前）、主に「本能」ではなく「教育」に依存し、人類の命運を「教育」に賭ける生存方法を選択した。生命の共通器官のDNA（マウスはヒトの95％）に大差はないが、脳、特に大脳新皮質（前頭前野の割合がネコ2％、ヒト29％）の発達の差がその違いを生みだした。

なぜ、ヒトは本能ではなく教育により能力を発達させ人間になるのか(3)。脳科学によれば、人間の発達可能性の生理的根拠は、脳の可塑性《かそせい》、特に神経細胞（ニューロン）の特殊な構造に求められる。それは、一度生まれると体細胞のように死滅と再生を繰り返さず、学習や経験を刺激として一本の軸索と無数のヒゲ状の樹状突起を伸ばして他の神経細胞とシナプスを介して無限の情報ネットワークを形成し、軸索の髄鞘《ずいしょう》化（絶縁化）がすすみ、生涯を通して発達し続け、頭の中に広大な内的宇宙をつくりあげる。人間は、大脳新皮質、特にその前頭連合野の発達が著しく、人間独特の高度の知的道徳的能力の中枢となっている。子どもや大人の発達可能性は無限であり、それゆえ、子どもの権利条約も「教育についての子どもの権利」を規定し、その教育の目的を、「子どもの人格、才能並びに精神的及び身体的な能力をその可能な最大限度まで発達させること」（29条）と明記している。教育・学習・経験・環境などの外部刺激により大脳がつくりだす一人ひとりのかけがえのない広大無限の内的世界こそは「個人の尊厳」（教育基本法）、「人格の尊厳」（国際人権A規約）、「人間の尊厳」（子どもの権利条約）の証拠である。

教育は人間をつくるいとなみであり、人類史とともに存続しているが、階級や文明の発生する1万年前まで、人類史の99・9％の期間、その教育は無償であった。それに比べれば、有償教育が支配的となる約200年前からの学校制度の歴史は人類史のいわば一瞬の出来事である。人類の進化は教育、とりわけ無償教育の所産であった。世界史のなかで教育の無償の思想が芽生えるのは紀元前5世紀の古代ギリシャであるが、それが権利として自覚され、法案に具体化されるのは、18世紀末のフランス革命期であり、それらの思想が国際人権A規約13条・無償教育条項に継承されている。

【人間の共同性と無償教育】 人間の本質・本性は「共同性」といわれ、一人ひとりの人間が生存し、大切にされるように、思いやり、いたわり、助け合い、たがいに人のために役立つような共同的善性が、長い人類史のなかで共同体を基礎に形成された。とりわけ、子どもをみんなでかわいがり、知恵をあつめ、無償の教育によって育てる地味ないとなみが、人間の善性をひきつぎ、ひきだして、その本性をつくりだしたといえる。無償教育は、人間の本性を開花させる最善の条件となりうる。このことを人類学の視点から考えてみたい。

人類学は、19世紀半ばのダーウィンの人類進化論以来、類人猿からヒトへの進化の足跡を明らかにしてきたが、その有力な視点は、人間の文化・文明のちがいの底にある人間の「共通性」＝「人間性」(「カルチャー・ユニバーサル」(cultural universal, 文化的共通性)「ヒューマン・ユニバーサル」(human universal、人間的共通性) の探求である。その「共通性」のコアは、狩猟採集時代など長期にわたる小さい血縁集団の生活史のなかで形成された無償・相互扶助・利他的行動などの共同性の心性とされる(4)。

ダーウィンは、種の共感能力(思いやりなどの心)が「自然淘汰」で促進されるとの説を唱えていたが、現代の進化人類学、進化心理学、社会生物学によれば、社会的動物(草食獣、ライオン、オオカミ、サル、類人猿など)は、進化に有利という生物学的利益・行動戦略から、他者・共同体への配慮(共感、規範、相互性、協調など)を発達させたという。オーストリアの動物行動学者コンラート・ローレンツ(ノーベル賞受賞)は、動物の「あまりに人間的なものは、ほとんどつねに、前人間的のものであり…多くの動物的な遺産が人間の中に残っている」という(『ソロモンの指輪』)。

ヒトに近い類人猿（チンパンジーなど）は、ニホンザルのように優劣関係に忠実に従うのではなく、弱い方をかばい助ける性質があり、例えば、個体間の食物分与の行動は、思いやりや客観視の心のあらわれであり、平等原則の社会規範を求める原動力と見られている。平等・共同社会への本能的欲求こそ、サルからヒトへの進化の決定的な分岐点、出発点であり、ヒトは条件的平等を広げて進化してきたといわれる。

ヒトの人格的本質や感性とともに、記憶力、「賢さ」「頭のよさ」などの知的能力や知性も、狩猟採集生活における子育て、食料の確保など複雑困難な生存活動のなかで獲得、継承され、人類学者の観察では、狩猟採集人は現代人に勝るとも劣らぬレベルであるという。数千の動植物を知るなど自然の生き字引といわれ、現代でもアフリカのある部族では学校はないが、１００種の鳥名を5歳児の80％が認知し、ある鳥が鳴けば真似て合唱し、その鳥にまつわる歌を歌うことなどが観察されている。現生人類（ホモ・サピエンス）の脳容量は、今日まで数十万年来不変であり、脳の受容力も基本的に変わらず、狩猟採集時代より小さくなったという説もある。

2　無償教育の思想史

（1）西洋

古代ギリシャでは、教育で報酬を稼ぐソフィスト（詭弁学派）に対抗し、一群の哲学者・教育者が無償の学園を開き（ソクラテス、プラトンのアカデメイア、アリストテレスのリュケイオン）、無償教育思想の源流となる。

イギリスの法律家・思想家のトマス・モアは『ユートピア』（1515年）で、プラトン『国家論』を踏まえて英国社会を批判し、理想社会を構想し、後に「空想的社会主義」の先駆者と評された。それは、「精神の自由な活動と教養」こそ「人生の幸福」の頂点であり、「幸福な生活を営む権利」の平等な保障のため、子ども時代のほか、労働時間を1日6時間以下にして一生学習を続け、「拝金主義」と無縁な「学問的教養に富んだ知識人」が民主的平和的国家を支えるという理想社会論である。

フランスの場合、プラトンを高く評価した18世紀の思想家J．J．ルソーはその著『エミール』（1762年）で教師の資格の第一に「金で買えない人間」をあげている。ルソーの思想全般から影響を受けたフランス革命期の憲法（1791年）は、「すべての市民に共通で、不可欠な教育の部分について、無償の公教育が組織される。」と定め、教育の平等の徹底を重視したルペルチェ提案の「国民教育法案」（1793年）は、「教育を受ける権利」の保障として「すべての子どもは共和国の費用で育てられる」と規定している。

「世界革命」といわれるフランス2月革命期の憲法草案（1848年2月）は、「教育権は、すべての市民が、国家による無償の教育を通じて、各自の肉体的・精神的・知的能力を全面的に発達させるための手段を享受する権利」、「労働権の本質的保障は…無償教育」と規定した。そこには、ルソーの思想を継承するマルクス、エンゲルスらの「科学的社会主義」の理論が反映している。彼らの著作『共産党宣言』（2月革命の数週間前に出版）は、「すべての子どもの公共無償教育」、「各人の自由な発展が万人の自由な発展の条件となるような、社会組織が生まれる」などとのべている。

古代ギリシャの哲学を学位（博士）論文にまとめたマルクスは、ルソー的共同体論をコミューン論の模範に「類的存在」による真の人間的解放を唱え、「人間の本質は人間が真に共同的存在」であり「貨幣は人間を貧しくする」などとのべ、過渡的な階級社会後の恒久的共同社会を展望した（「ユダヤ人問題によせて」、「ミル評注」（1843年、44年））。エンゲルスは、エルバーフェルトの演説（1845年）で共産主義理論の実現の第一は「国家の費用による普通教育」であり、「各個人が社会の自主的な成員として行動する能力をもつまでつづけられ」、「すべての人間が自分の能力を完全に発達させる権利をもっている」と説いている。

その後、マルクスは『資本論』（1867年）で、資本主義社会の内的矛盾、技術の革新競争に伴い、労働のあらゆる場面に可動的に対応できる全面的に発達した人間が必要とされる必然性を論証し、教育と労働の結合を教育の実践原則、未来の方向として提起した。そこでは産業革命を転機に「絶対的剰余価値」から「相対的剰余価値」の生産に移行し、質の高い全面的に発達した労働力が社会的に要求される必然性が解明されている。

19世紀前半、アメリカ「公教育の父」、ホーレス・マン（マサチューセッツ州教育長、下院議員、古典学教授）は、当時の資本主義の発達を背景に、無償教育の論拠として「教育を受ける権利」と経済的効用を説いた。

20世紀初頭、ドイツのワイマール憲法（1919年）は「小学校および上級教育学校の授業料、学用品は無償」「学資補助」、フィンランド憲法（1919年、現行憲法に継承）は「無償の教育を受ける権利」、ソビエト連邦憲法（1936年）は「教育を受ける権利」と「中等および高等教育を含めあらゆる種類の教育の無償制」「給費制」「勤労者の無償教育」を定めた。

第2次世界大戦後、フランス第4共和国憲法（1946年）は、「あらゆる段階における無償かつ世俗的（註：特定の宗教と無縁）な公の教育を組織することは、国の義務である。」と定めた。

（2）日本

日本でも最初に接した外国文明、中国の儒教の教典、孔子の『論語』（405年伝来説）の巻一冒頭の「学而時習之不亦説乎」（学びて時にこれを習う、亦《ま》た説《よろこ》ばしからずや）（学習は楽しいものだ）という学習幸福論、「有教無類」（教え有りて類無し、人間は教育しだいの意）などの教育思想が教育熱心な日本人の意識を形成する。7世紀初頭、遣隋使を派遣した聖徳太子（厩戸皇子《うまやどのみこ》）は、学資支給（無償）による学問奨励の場として法隆寺学問所を開設し（学校の起源）、8世紀末、留学僧として遣唐使に同行した空海（弘法大師）は、庶民が無償で諸学問を学べる学校、種芸種智院を開設した。その趣意書―「物の興廃は必ず人による。人の昇沈は定めて道にあり。」「道を学することは当《まさ》に衣食の資けあるべし」（原文は漢字）―には、その教育理念が凝集している。

江戸時代の寺子屋の師匠は武士が多かった。新渡戸稲造（東京帝国大学教授、国際連盟事務次長）『武士道』（原著：Bushido ― The Soul of Japan、1900（明治33）年、アメリカのフィラデルフィアで出版）によれば、「武士道は損得勘定をとらない」「武士道は無償、無報酬の実践のみを信じる」

「それは無価値であるからではなく、価値がはかれないほど尊いものであるからだ」と考えられたという。そこには武士が俸給を支給され、社会的尊敬を受けていた時代背景がある。

R．P．ドーア（ロンドン大学教授、東京大学留学）『江戸時代の教育』（原著：Education in Tokugawa Japan、1965年。松井弘道訳、岩波書店、1970年初版）によれば、寺子屋（手習所）では「1800年（寛政12）頃までは殆どの教師が武士」であり、「生徒、教師、父兄間の関係は単なる経済的関係を超えるものだった。学問は単に商品として扱うには余りにも尊ばれていた」「親から教師に対する支払いは感謝のしるしであって、その額は感謝の深さと親の懐具合によって決まり、適当な贈答の時期に然るべく包んで差し出すものだった」。江戸末期（人口約3000万人）、寺子屋は全国約1万（現在人口1・2億人、小学校約2万）を数え、当時、世界有数の教育普及国であったが、その背景に無償教育的慣習があげられよう。

明治維新後約30年後を経過した1900（明治33）年、小学校は無償義務教育となるが、中等学校以上は有償であった。これに対し、『労働世界』9号（1889年＝明治22年）は「何人にても無価にて教育を受ける筈の者なり」、社会民主党宣言（1901年＝明治34年）は「人民をして平等に教育を受けしむる為に、国家は全く教育の費用を負担すべきこと」を宣言する。1919（大正8）年8月、日本教員組合啓明会「教育改造の四綱領」の「二　教育の機会均等」は、こう述べている。──「教育を受ける権利─学習権─は人間権利の一部なり、従って教育は個人義務にあらずして社会義務なりとの精神に基づき、教育の機会均等を徹底せしむべし。小学より大学に至るまでの公費教育─（1）無月謝。（2）学用品の公給。（3）最低生活費の保障─の実現を期す」。「大学は正式講座と自由講座とに分かち、自由講座は（中略）一般人に開放す」。「大学は女子の入学を自由に」する。

1930（昭和5）年11月の日本教育労働者組合の綱領は、「教育費の資本家地主全額負担」「授業料の廃止」「国庫による通学用品、学用品、及び昼食支給」「国庫による遠足、修学旅行費等の全額支給」を掲げた。

これらの思想が日本国憲法（1946年11月3日公布、47年5月3日施行）の「教育を受ける権利」と「義務教育」の「無償」（26条）規定の歴史的背景であった。同条では「義務教育」の範囲は小学校6年・中学校3年に限定されず、また、「無償」の範囲は授業料に限定されず、高校・大学（高等教育）までの直接の費用（授業料）と間接の費用（学校納付金）の無償を含めることができ、将来に向けそれが想定されていたと解される。国際人権A規約13条の無償教育条項とは矛盾しない。

3　無償教育の教育実践的意義

国際人権A規約13条の核心は、人格の完成・尊厳と無償教育の一体性であり、無償教育は、教育の機会均等の実現、経済的負担の軽減・解放にとどまらず、教育実践原理として教育活動や学校運営に生かす工夫が必要であろう。

無償教育は、社会の宝であるすべての子ども・青年・学習者の学びを公費で支え、みんなの無償の知恵や愛情を注いで育てる教育共同の基本である。その理念は、公費支出・補助やそのための運動、学校、家庭、地域、社会などあらゆる教育の場面で貫かれなければならない。そのなかで、子どもたちは、自分たちに注がれる人々の献身、社会の思いやりに気づき、感謝の心を抱き、利害や打算をこえて人や社会に役立とうとするいわば利他的・無償的人格の形成が促される。「金の切れ目が縁の切れ目」の有償教育社会と訣別し、生涯を通して無償で学び合い教え合い、すべての人が人間らしく発達できる無償教育社会をめざすには、経済・財政面の教育費無償化政策と無償教育実践は表裏一体でなければならない。そのような無償教育が、「自己責任」主義、競争主義で心を蝕まれている子どもや若者の苦悩を和らげ、人との絆、社会への信頼のなかで生きる希望を育む教育の土台づくりと考えたい。

学校ばかりでなく、子どもの成長・発達に注がれる親・家族、地域などの無償の子育て、世話、思いやり、愛情などの関係・環境は、潜在的な無償教育である。それは、有償社会では金銭に換算されないが教育の根源的価値であり、無償教育の思想はそのような営みに光をあて、その価値の発見、自覚、評価を促すであろう。

余談だが、日本では男性の育児時間が少なく育休取得率も極端に低い（1日の家事・育児時間＝日本：妻7時間34分、夫1時間23分、スウェーデン：各5時間29分、3時間21分）。有償へのこだわり・強迫の反面、無償の行為への価値観が抑圧されているのであろうか。不当な低賃金、困難な生活の解決も視野に入れ考えるべきテーマである。

4　無償教育と社会の発展

国際人権A規約13条が定めるように、無償教育は「教育への権利」の「完全な実現」のための基本原理・政策であり、生涯にわたる無償教育の保障を通して人間の可能性が人間らしく無限に発達し、人間らしい豊かな社会の発展の源泉となる。

無償教育条項は「無償教育社会」を展望しているといえよう。そこでは、〝揺りかごから墓場まで〟生涯にわたり、学校などのフォーマル（制度的）な教育やそれ以外のさまざまなインフォーマル（非制度的）な教育・学習が、経済的条件に関係なく、すべての人に平等に万遍なくいきわたり、一人ひとりの能力が最大限に引き出され、社会のあらゆる分野が持続的に発展する。

無償教育社会が実現すれば、すべての人が、いつでも、どこでも大学などの高等教育機関、公民館などの社会教育施設、自発的集団などで学び、世代を超えて感性、知識・技術や経験を交流し、伝え合うことができる。「人材育成」に傾くリカレント教育（生涯にわたって教育と就労を交互に行うことを勧める教育システム）ばかりでなく、子育て・資格・健康などさまざまな要求や必要から、家庭や職場などの垣根を越えた人々の出会いや交流が広がり、学びの場が人生のリフレッシュや生きがいのオアシスとなる。青年期に経済的事情などから高等教育の進学を断念した人も、人生のどのステージでも、その夢が叶えられる。

そこでは、立場や職業などの違いを超えた共通の関心事―子育て、地域、社会、政治の問題など

—も話題になりやすく、学びの場がそれらの解決をめざす「社会参加」の基地にもなりやすい。それは規約13条の掲げる教育目的のひとつであり、ユネスコも21世紀に求められる市民的能力の要として重視している。そこでは、社会の問題だけでなく、顔の見える生きたふれあいのなかで、自分史も語られ、悲喜交々《ひきこもごも》の過去の歴史の生きた体験が直に世代間、特に次世代に伝わり、確かな未来の創造へとつながる。平和学習の基地ともなる。

大学のイメージは、同世代の学生と教職員の限られた関係のもとで狭い知識や人間性を身につける閉ざされた空間から、あらゆる年齢の人々が自発的に集まり行き交い学び合い、広い教養や人間性が育まれる開かれた空間に変わるに違いない。

また、無償教育社会では教育支出が優先されるが、それは経済発展のブレーキではなくアクセルになるだろう。少子化を解決し、すべての人々の能力が飛躍的に高まり、高齢者も社会に奉仕、貢献し、経済の発展に寄与する。有償教育のもとで教育費負担に備えて節約、禁欲してきた家庭の消費意欲が解放され、内需が爆発的に拡大する。人間的な経済活動が促進され、経済は量的質的に発展する。人間の全面的発達、社会の進歩を促す無償教育社会は人類の夢社会といってよい。

第3章　国際人権A規約13条・「2018年問題」への官民の対応、市民運動

1　「2018年問題」への政府・民間の対応

このような意義を持つ国際人権規約、とりわけA規約13条の宣伝、普及、履行についてはさまざまな官民の対応や運動があった。三輪の関係する活動を含め、以下、その経過概要をのべる。

(1) 2018年5月までの経過

【1979年6月～2012年9月―無償教育条項の留保期間】

○1966年12月16日：**国際人権規約**（A・B規約）、**国連総会採択**。

○1971年6月：中央教育審議会答申の「受益者負担」政策提案（実際の大学授業料引上：1975～80年度に国立3・6～18・0万円、私立18・3～35・5万円）（三輪「受益者負担主義と教育財政政策」『国民教育』50号（1981年秋季号）参照。同論考で「大学まで教育を無償で受ける権利の思想は（中略）今日では、人類の普遍的基本的人権として国際人権A規約にも明記」と批判）

○1976年1月3日：**同A規約、発効**（25カ国批准が要件。35カ国が批准）

◯1979年9月21日：**日本政府、同規約批准**（42番目）。ただし、A規約13条の無償教育条項について「拘束されない権利を留保」。当時、留保国は日本、ルワンダの2カ国であり、その後、マダガスカルが加わる。2008年12月にルワンダ、2012年9月に日本が留保撤回し、12年時点の留保国はマダガスカル1カ国である（締約国は2015年7月現在164カ国）

日本政府は、無償教育条項の留保にとどまらず、それに挑戦して有償教育路線を驀進《ばくしん》する。第二次臨時行政調査会答申（81年7月）は「行政改革」と称し、私立大学等の助成費の抑制、国立大学の学生納付金の引上げ、育英奨学事業の有利子化・返還免除制度廃止・返還期間短縮など30項目以上の教育費の全面的削減を打ち出した。また、公費の削減を私費に転嫁するため、権利意識を麻痺させ、自助・自己責任意識を植え付ける国民の思想改造が「行政改革」の主眼とされた（前掲答申）。その結果、文教費総額の対国内総生産（GDP）比は1981～1990年度の10年間に5・68～4・49％に激減した。その後、1991～2015年度の25年間は4・50～4・34％であり、「臨調行革」の凄まじさが跡づけられる。（詳しくは三輪「軍拡予算と教育費削減」『国民教育』56号・1983年春季号）

◯1983年9月：第2次教育制度検討委員会（日本教職員組合の委嘱）、第二次臨時行政調査会答申の教育費全面的削減に反対し、以下の通り指摘。――「国際人権規約（13条）が、初等教育にとどまらず、中等・高等教育にも「漸進的」に無償制を導入し、適当な奨学金制度を確立することを決め、規約締約国に義務づけたことはきわめて意義の深いことである。現在、日本政府が、受益者負担主義の国策、国情を理由に、この条項を留保していることは、国際常識に逆行する独善的態度というほかはなく、まことに遺憾なことである」（同委員会報告書『日本の教育改革を求めて』、勁草書房、1983年9月　三輪、専門調査委員としてこの部分を執筆）

○1984年6月27日：三輪、衆議院文教委員会で日本育英会法改正（有利子制導入）審議に関し参考人意見陳述―「国際人権A規約13条の定める無償制と並んで、奨学金の貸与制から給与制へと転換を図ることが国際的な動向でもありますし、同時に歴史の発展に沿うものでありまして、行政改革、教育改革の名に値するものだと思います」（議事録。以下の附帯決議に反映）

○1984年7月4日：衆議院文教委員会、**日本育英会法改正**（有利子制導入）の付帯決議：「（無償教育条項）諸般の動向をみて留保の解除を検討」。

○1990年6月：国際人権A規約に関する**第2回日本政府報告**（「私立学校の占める割合の多い我が国においては、負担均衡の観点から」「私学制度の根本原則」を理由に無償教育条項に「拘束されない」」）。

○1995年5月：全教、「教職員権利憲章」を第3回定期大会で採択。国際人権規約の理念の継承を謳う。三輪、同憲章検討委員会に委員として起草に参加。

○2001年3月2日：第2回日本国政府報告書に関する日弁連報告（全108頁）

○2001年9月24日：社会権規約委員会、日本に対する**第2回政府報告に対する総括所見**（留保撤回の検討を要求、民族学校の財政支援などを勧告、期限は2006年6月30日。「2006年問題」発生）

○2005年10月1日：市民団体「**国際人権A規約13条の会**」結成（三輪・呼びかけ人、共同代表）

その前後、「2006年問題」の実行を求める運動発展。例えば―大学評価学会・2006年問題特別委員会（三輪・理事、委員。2004年6月21日、「「2006年問題」に関する文部科学省への要請書」）、日本高等学校教職員組合（2004年7月、予算要求書）、全国大学高専教職員組合・日本私立大学教職員組合連合（2005年5月、留保撤回要請書）など。

◯2007年12月14日：国民のための奨学金制度を拡充し、無償教育をすすめる会（略称「**奨学金の会**」結成、三輪・会長）。

◯2009年8月：総選挙の政党政策アンケート（奨学金の会実施。全政党が教育予算の欧米並み引き上げ、給付制奨学金、学費軽減に賛成）

◯2009年9月16日：民主党・鳩山由紀夫内閣発足（川端達夫文相）

◯2009年12月：**第3回日本政府報告**（「負担の公平」や財源確保の観点から学生に「適正な負担を求め」、無償教育条項に「拘束されない権利を留保」、自民党政権時代の方針踏襲。ただし、民主党政権により留保撤回の検討をする旨を註記）

◯2010年3月26日：経済同友会提案（「教育を受ける権利」保障と「国益」のため、所得400万円以下に年間60万円・1学年3万人の「給付奨学金」支給）。

◯2010年4月1日：「**公立高等学校に係る授業料不徴収及び高等学校等就学支援金の支給に関する法律**」施行。3月9日、三輪、衆議院文部科学委員会で法案の参考人意見陳述（賛成の立場、国際人権A規約13条無償教育条項の留保撤回、実施を主張）。3月12日、同委員会、附帯決議に同留保撤回を掲げる。

○２０１０年８月31日：２０１１年度概算要求（30年ぶりに小中学校「35人学級」６年計画（２０１１～16年度）、その後の「30人学級」への移行、財務省査定で見送り）

○２０１１年８月31日：２０１２年度概算要求（高校・大学の給付制奨学金）

○２０１２年２月９日：玄葉光一郎外務大臣が国会（衆議院予算委）で無償教育条項の留保撤回の検討の手続きに入ると言明し、事務レベルの協議が続く（５月14日、奨学金の会の外務省要請での情報）

【２０１２年９月～現在：無償教育条項の留保撤回後】

○２０１２年９月11日：**日本政府、国際人権Ａ規約13条２項（ｂ）（ｃ）留保撤回**（閣議決定）。締約国１６０カ国中１５９番目（２０１５年９月現在、締約国１６４カ国）

○２０１２年12月26日：自民党・安倍晋三内閣発足（下村博文文相）

○２０１３年１月13日：第３回日本政府報告書審査に関する日弁連報告書。

○２０１３年２月20日：朝鮮高校就学支援金不支給の行政措置（審査基準二号ハ・同ハ規程廃止）

○２０１３年４月：社会権規約委員会の本審査。

○２０１３年５月17日：社会権規約委員会、**日本に対する第３回政府報告に対する総括所見**（全37パラグラフ。期限は２０１８年５月31日。**「２０１８年問題」発生**）

○２０１４年４月１日：**「高等学校等就学支援金の支給に関する法律」**施行（９１０万円の所得制限）。三輪、２０１３年11月８日、衆議院文部科学委員会で法案の参考人意見陳述（反対の立場）

２０１２年9月の無償教育条項の留保撤回、２０１３年5月の社会権規約委員会による日本政府定期報告要求を転機に、「２０１８年問題」の関心が高まり、諸団体は実現を求める活動を強化し、論評も相次ぐ。例えば、日弁連「社会権規約委員会　総括所見の活かし方と今後の課題」（２０１５年8月、パンフレット、全89頁）

全教（全日本教職員組合）、奨学金の会、その他の団体の（２０１７年以降）の活動例は以下の通りである。

〇２０１７年3月30日：国際婦人年連絡会「すべての子どもたちにゆきとどいた教育の保障を求める要望書」（無償教育条項の実施要請）

〇２０１７年7月7日：全教等「ゆきとどいた教育をすすめる教育全国署名」、無償教育条項の実施要請（２０１３年以後、毎年）

〇２０１７年11月8日：奨学金の会結成10周年プレ企画テーマ「２０１８年問題」

〇２０１７年12月13日：全教、財政制度等審議会・２０１８年度予算建議への意見で「２０１８年問題」無視批判。

〇２０１８年1月17日：全教、２０１８年度予算案への意見で「２０１８年問題」強調。

〇２０１８年2月17~18日：全教第35回定期大会、「２０１８年問題」の重視と他団体との協力・共同方針。２０１８年2月15日、全国私教連・「全国私学助成をすすめる会」署名提出集会、「２０１８年問題」を今年の課題とする方針。

〇２０１８年3月7日：奨学金の会結成10周年企画のテーマ「２０１８年問題」。「国際人権A規約

13条「2018年問題」の対応、実行に関する要請書」採択。
○2018年4月12日：奨学金の会、政府（外務大臣、文部科学大臣、財務大臣）に同「要請書」提出し協議。各省庁は「政府内で調整中」で具体的計画未定と回答。
○2018年5月23日：奨学金の会、政府（外務大臣、文部科学大臣、財務大臣）、政党、マスコミ、友誼団体に国際人権A規約13条「2018年問題」市民報告書（試案）「無償教育と教育への権利の実現に向けた提案」（全24頁）提出または送付。
○2018年5月25日：「奨学金の会」の要請に基づく海江田万里立憲民主党議員の「2018年問題」に関する**質問主意書**の答弁書通知（総理大臣臨時代理・国務大臣麻生太郎の衆議院議長宛）：その記載内容は3点―①A規約「第16条及び第17条に基づく第4回政府報告に関しては、できる限り早期に提出するよう、現在、鋭意作成の作業をすすめている」、②無償教育計画作成については「新しい経済政策パッケージ」に「幼児教育の無償化、高等教育の無償化及び私立高等学校の授業料の実質無償化を盛り込んだ」、③一般市民との意見交換会は「適当な時期」に実施―である。政策パッケージには「所得が低い家庭の子供たち、真に必要な子供たちに限って高等教育の無償化を実現する」と限定しているが、答弁書によれば、それは当面の措置と解される。
同日、奨学金制度に関する同議員の質問主意書の答弁書が通知された。記載内容は3点―①給付型奨学金は2020年度から「支給額を大幅に増やす」とともに住民税非課税世帯のほかそれに準ずる世帯に「支援を段階的に行う」、②「利子補給方式」による「有利子奨学金の無利子化」は「考えていない」、③所得連動返還方式では、一定所得以下、一定年限・年齢以上の返還免除は認められない―である。

○2018年7月24日：14：30～16：30、外務省会議室、外務省主催「経済的、社会的及び文化的権利に関する国際規約政府報告に関する市民・NGOとの意見交換会」開催。外務省、文科省、厚労省、法務省、内閣府の担当者（約30名、途中交代を含む）と市民・NGO諸団体の関係者（約40名）が出席し意見交換。事前に出席者が提出した意見に対する省庁係官の説明と再質問（1人1分以内）の順に進行。政府報告書作成の日程は未定とのこと。教育無償化について文科省は「経済政策パッケージ」の内容を説明。

【政府内の検討状況】　文部科学大臣は、2017年3月6日、「我が国の高等教育に関する将来構想について」中央教育審議会に諮問し、「2040年頃を見据え」た答申を求めているが、「教育費負担のあり方」を検討課題とするものの高等教育無償化や規約13条には一切言及していない。同審議会・大学分科会・将来構想部会の6月「中間まとめ」（全38頁）を経て、秋に答申の予定で審議中であるが、無償教育条項は議論の埒外であり配布資料にも出てこない。

中教審答申（2018年3月8日）に基づく、「第3期教育振興基本計画」（計画期間：2018～22年度）を発表したが、全94頁の長大な文書にもかかわらず人権規約にはふれず、「新しい経済政策パッケージ」（2017年12月）の「高等教育の無償化」は「低所得世帯に限定する」との記述を引用し、極力、限定しようとしている。同様に、文科省の「高等教育段階における負担軽減方策に関する専門家会議」の6月報告も「政策パッケージ」の具体化に議論が終始している。国の教育政策のあり方を研究する国立教育政策研究所の基本方針（5年ごと更新）にも人権規約の文言は欠落し、それに関する研究は不在である。

現時点で、「2018年問題」の対応は「第4回政府報告に関しては、できる限り早期に提出するよう、現在、鋭意作成の作業をすすめている」（前掲質問主意書答弁）とのことだが、この問題で主導すべき責任省庁の文部科学省が今後5〜20年を方向づける政策文書の作成過程で人権規約に関する論議が一切なく、過去の文科省・中教審の高等教育構想論もこれにふれていない。教育政策の国際的対応が問われるなかで異常な鎖国的状況といわざるをえない。

これに対し多くの論者が無償教育条項について論じ、政府の対応を求めてきた。三輪の論文リスト（187〜191頁）はその一端であり、この問題に関する社会的関心の広がりが示されている。官民の断絶は深刻である。

「2006年問題」では無償教育条項の留保撤回は、2001年9月発生から5年後の期限2006年6月を過ぎ、さらに6年後の2012年まで合計11年を経て実行された。「2018年問題」でも発生後5年が経過している。

（2）今後の取り組み

①政府報告書の作成

人権規約の締約国には国連事務総長に政府報告の提出義務があり（規約16条、1988年以降5年毎）、日本政府は社会権規約委員会の2013年総括所見に応え、2018年5月31日の期限までに政府報告書を作成、提出しなければならない。

憲法は条約・国際法規の遵守義務を定め（98条）、A規約も「立法措置その他のすべての適当な方法」で「権利の完全な実現」を達成するため、「締約国は、利用可能な手段を最大限用いる」約束（2条2項）を定めている。日本政府は、教育については規約13条を誠実に履行し、政府報告では期限を守るとともに、自国の教育の形式的記述や正当化ではなく、国会での論議、NGO・市民団体との「対話」、十分な情報・データの収集と分析、国際比較などを積極的に行い、自国の教育について実績・問題・課題を丁寧に記述すべきである。国際法規を「法的拘束力がない」などの理由で報告期限を無視したり、内容を軽視することは人権確立の国際協調への反逆、人権小国の露呈というべきである。

②政府と市民団体との協議（「対話」）

社会権規約委員会の担当は外務省総合外交政策局人権人道課である。政府報告書の作成に先立ち、事前に「市民社会団体」との「対話」が推奨されている（総括所見36パラグラフ）。「2006年問題」時、政府は2006年6月期限の報告を3年半後の2009年12月に提出した。その約2年半前の2007年7月、人権人道課主催の「国際規約第3回政府報告に関する市民・NGOとの意見交換会」が開催された。「2018年問題」では、その会合は2018年7月24日に実施された。

③市民団体の報告書の作成

社会権規約委員会（事務局本部所在地はジュネーブ）は、年2回（春、初冬）各3週間の会議で報告書審査、一般的討議、一般的意見の作成を行う。審査に先立ち、作業部会は各政府報告に関する

「質問表」（list of Issues）を送付し、審査前の回答を求め、審査でそれを報告する。

市民・NGOは、政府報告書の作成以前に独自の報告書を提出し、本審査では文書、口頭による情報提供が可能である。また、政府報告書作成を促すとともに、それを入手、検討し、規約委員会の「質問表」作成に際して関連する情報提供が可能である。委員会は、その情報を積極的に活用し、審査では「質問表」の項目が議論の中心となる。市民・NGO報告書は、カウンター（オルタナティブ、シャドウ）・レポートともいわれる。

④関係団体の活動

市民関係団体は、「2018年問題」の政府の実行を促進のため、個別または他団体と連携した活動を行う。集会開催（シンポジウム、講演会、研究会、学習会など）、署名、宣伝、ヒアリング、要請（ロビイングを含む）、提言、カウンター・レポート作成、図書発行などの活動である。カウンター・レポート作成では関係団体の十分な協議が必要となる。

2 「2018年問題」と市民運動

以上にのべたように、国際人権A規約、その13条や無償教育条項の意義にもかかわらず、総じて日本政府はそれに挑戦し、実行に消極的であった。これに対し、それを迫る教育運動が岩盤を切り裂く水路のように脈々と続いている。ここでは、三輪が関係する活動を中心にその経過を辿ってみよう。

(1) ゆきとどいた教育をすすめる会の教育全国署名運動

無償教育の実現を含む教育条件整備の運動に長年取り組んできた全国規模の組織の典型は、「ゆきとどいた教育をもとめる全国署名運動」(教育全国署名)である。「ゆきとどいた教育をすすめる会」(井上ひさし、小山内美江子、牧柾名、丸木政臣、三輪定宣、山田洋次の6人の呼びかけ、340人賛同)が、1989年、全教、全国私教連、日高教(当時)、教組共闘組織で結成され、当初は有権者(1967年6299万人)の半数、3000万人の署名をめざす「3000万署名運動」といわれた。運動は中央から地方の各レベルで継続的にすすめられ、私も代表委員として中央や各地のスタート集会等に参加してきた。30年間(1989～2017年度)に累積した署名総数4・5億筆(年平均約1500万)は、国際人権A規約13条・無償教育条項の留保撤回、教育無償化が各党の共通政策となる情勢の地殻変動を引き起こす社会的底力、いわばマグマとなったにちがいない。

その課題は、国際人権A規約13条の掲げる公教育拡充の国際基準と共通している。前史は、全教が分離する前の日教組私学部の運動であり、私立高校の公費助成が主眼であったが、請願項目は無償教育の実現を基軸に教育条件整備全般であった。

請願項目は全国共通項目と都道府県独自項目に分かれ、当初の全国共通項目は、①30人学級の実現、②私学助成の拡充、③教育費の父母負担の軽減、④教職員定数の大幅増員であり、92年度から障害児の義務教育修了後の教育保障、その他が加わり、その後、情勢に応じ若干の変化がある。

最近、2018年度の全国共通項目は、①教育予算のOECD諸国並み増額、②35人以下学級実現、③抜本的な教職員定数改善、④教育無償化（高校の所得制限撤廃・学費無償化、就学支援金拡充による公私間格差解消、給付制奨学金拡充、大学等の学費引き下げ）、⑤教育条件・施設改善（正規教職員の増加、特別支援学校「設置基準」作成、学校耐震化率100％実現）、⑥東日本大震災の復旧・復興、などである。

課題の中心は、教育費の膨大な父母（家計、私費）負担と学級規模の改善であった。私学助成運動が基調となり、署名数は私学が毎年8割前後を占め、1989年度2399万（私学83・7％）、1991年度2506万（ピーク）、1997年度2232万、2007年度1153万、2017年度610万（私学86・6％）と推移している。私学助成が対象とする高校生の減少（高校生数1989年度564万人、2017年度331万人（58・7％））などを反映し、署名数はピーク時から減少しているが、過去の運動の蓄積もあり社会に根付き、党派を超えた支持を集めている。

この運動は、無償教育実現・教育条件整備の運動であるとともに、その過程で参加者が人間的・市民的力量を蓄え成長する自己教育運動である。街頭宣伝、情報発信、集会、要請行動、ネット連絡、家庭への依頼など多様な活動、方法により無償教育・教育条件整備の必要について世論に訴え、政治や行政を動かすとともに、参加者は教育共同の主体としての自覚や連帯を強める。それが学校ぐるみ（生徒会、教職員組合、学校長、PTA、同窓会、理事会などの共同）で取り組まれ(1)、学校づくりに生かされる場合は、生徒も社会参加により民主的市民性を身につける貴重な体験となる。「社会参加」は、国際人権A規約13条やユネスコの文書など、国際教育論が重視する21世紀の教育実践の主流であり、その潮流に合致している。

教育全国署名運動は、２０１２年の無償教育条項の留保撤回以後、「２０１８年問題」の実行を迫る運動方針を明確にしてきた。例えば、２０１５年７月のスタート集会での三輪の演題は「教育条件整備・教育無償化の意義と課題—国際人権A規約13条と教育保障制度の展望」であった（『クレスコ』12月号に掲載）。

最近、この運動を主導する全教は、２０１８年２月の第35回定期大会の議案書で「国際基準を学び、いかすたたかい」を重視し、「２０１８年度運動の基調」では、「いわゆる『２０１８年問題』（中略）に生徒・保護者・教職員の意見を反映させる」「『奨学金の会』（中略）などとの幅広い協力・共同をすすめます」とのべ、「具体的なとりくみの展望」では、そのため「署名数を飛躍的に増やします」としている。関連して全国私教連・「全国私学助成をすすめる会」は、『２０１８年問題』が今年の課題」（２月15日、署名集会での代表世話人開会挨拶）と位置づけている。２０１８年７月６日の署名スタート集会の発言で三輪はこの問題を強調し、集会アピールは、「国際人権A規約について定期報告をまだ提出していません。わたくしたちのとりくみによってようやく重い腰を上げ、準備をしようとしています。」とのべている。
（２）「国民のための奨学金制度の拡充をめざし、無償教育をすすめる会」（奨学金の会）
奨学金の会（三輪・会長）は、２００７年12月14日、独立行政法人の「整理合理化計画」閣議決定（同年12月24日、奨学事業の金融化・民営化）への対抗組織として結成された。加盟団体は、全労連、全学連、全教、全国私教連、特殊法人労組、医学連、全国大学院生協議会、首都圏大学非常勤講師組合、あいち公立高校父母連絡会、「お金がないと学校にいけないの?」首都圏高校生集会実行委員会、学生支援機構労組（事務局）であり（2018年4月現在）、そのほかに個人が会員となっている。学生支援機構労組が事務局を担い、活動の力点は奨学金制度の改善・拡充であるが、それと不可分の無償教育の前進を掲げている。

結成以来10年余（2018年4月まで）に役員会100回、「奨学金の会News」1〜105号発行、宣伝冊子・チラシ作成、集会開催（シンポジウム、院内集会等）、関係省庁・議員・団体要請、署名活動、街頭宣伝、学習会・講演出席、国政選挙での政党へのアンケート、論文執筆、メッセージ寄稿、などの諸活動を継続している(2)。冊子の例は、『(2008年) 3・23シンポ報告集』（2008年4月）、『提言：未来をひらく教育保障制度をつくろう』（2015年6月10日）などである。

前史は、1981年10月26日結成の「育英奨学制度の抜本的改悪に反対する連絡会議」であり、臨時行政調査会第一次答申（同年7月10日、育英奨学事業の外部資金の導入による有利子制への転換、学生納付金の引き上げ）への対抗組織であった。日本育英会法改正を審議する衆議院文教委員会（1984年6月27日）の参考人意見陳述で三輪は有利子制導入に反対したが、法案は可決された（8月7日）。その際の「附帯決議」（衆議院）では「無利子貸与制度を根幹とし（中略）財政が好転した場合は検討」「返還免除制度は堅持」「国際人権規約第13条2（b）及び（c）については、諸般の動向をみて留保の解除を検討する」の文言が盛り込まれた。

続いて2001年11月17日、「日本育英会の奨学金制度廃止に反対し、拡充を求める各界連絡会議」結成（議長・三輪）が、小泉「構造改革」による特殊法人改革（民営化原則）への対抗組織として結成された。それを具体化した独立行政法人日本学生支援機構法（２００３年６月18公布）は成立したが、「附帯決議」（参議院）では「無利子奨学金を基本」と明記された。

最近では、奨学金の会結成10周年プレ企画（２０１７年11月８日）、同10周年企画（２０１８年３月７日）で「２０１８年問題」を集会テーマに掲げ、関係大臣にその実行を求める「要請書」を採択し、関係省庁要請を行い（４月12日）、政府報告期限（５月31日期限）を迎え、社会権規約委員会に提出する市民報告書（カウンター・レポート）の作成をすすめている。その経過は、奨学金の会役員会が市民報告書作成会議（実行委員会）の組織を決定（３月16日）、諸団体に実行委員会準備会の参加を呼びかけ（４月４日）、前掲「要請書」を外務・文科・財務３省大臣に提出し担当者と協議（４月12日）、実行委員会準備会開催（第１回、４月18日。第２回、５月９日。第３回、５月23日）、報告書試案確認（第３回）、名称：奨学金の会「国際人権Ａ規約13条「２０１８年問題」市民報告書（試案）「無償教育と教育への権利の実現に向けた提案」」、外務・文科・財務大臣、政党、マスコミ、友誼団体への送付、奨学金の会の要請による国会議員（海江田万里立憲民主党議員）への質問主意書の要請と答弁書の通知（５月25日、本章２参照）などの活動である。

（３）学界の研究活動・運動――大学評価学会の場合

学界でも国際人権Ａ規約13条の無償教育条項に関する研究は、グループや個人ですすめられている[(3)]。大学評価学会（２００４年３月28日設立）の場合、「２００６年問題」（２００１〜06年）当時、「2006年問題」特別委員会（三輪・理事、委員。2008年3月、「国際人権A規約第13条問題特別委員会」に改称）を設置し、研究活動のほか、「2006年問題」に関する文部科学省への要請書」（2004年6月21日）など社会的活動を行い、それを母体に「国際人権A規約13条の会」（2005年10月1日、事務局。龍谷大学、三輪・共同代表）が結成された。その主催する設立シンポジウム「日本の高学費をどうするか―「無償教育の漸進的導入」の理念と21世紀における日本の教育―」（2005年12月22日）では、大学評価学会共同代表・「2006年問題」特別委員会委員長の田中昌人著『日本の高学費をどうするか』（新日本出版社、2005年11月25日）の書評をテーマとする基調講演を三輪が担当した（講演は大学評価学会年報2号掲載）。同書は規約13条「無償教育の漸進的導入」条項を基本に日本の「有償教育の急進的高騰」を告発、批判する無償教育宣言の書であった。

最近では同学会を母体に文科省・科学研究費グループ「後期中等・高等教育における『無償教育の漸進的導入』の原理と具体策に関する総合的研究」（2015～17年度、研究代表者：渡部昭男神戸大学教授）が組織され、研究成果が発表されている（参考文献1⑮参照）。2018年1月28日、東京都内で同グループと大学評価学会主催の「日欧シンポジウム：国際人権A規約第13条『教育への権利』の今日的意義及び日本の現状と課題」が開催された。基調講演はフォン・クーマンス教授（オランダ、マーストリヒト大学教授、ユネスコ人権平和議長、博士論文テーマは教育への権利、1997年に日本の規約違反を論文で批判）であり、三輪も指定討論者として参加した。

（4）大学関係団体の活動

教職員組合（全国大学高専教職員組合（全大教）、日本私立大学教職員組合連合（日本私大教連））などの活動の一端は以下の通りである。

○2005年2月4日：私大教連『NEWS LETTER』特集：2006年問題、「国際人権規約・高等教育無償化条項の留保撤回を！」

○2005年8月：全大教・日本私大教連『高等教育無償化条項の留保を撤回し、学費負担の軽減、高等教育予算の増額を―〝2006年問題〟資料集』

○2005年10月1日：全大教・日本私大教連「高等教育無償化条項の留保撤回・学費負担の軽減、高等教育予算の増額を求める国会請願書」

○2006年3月12日：全大教「2006年問題：高等教育の漸進的無償化」全国公開シンポジウム。

○2007年7月25日：全大教「経済的、社会的及び文化的権利に関する国際規約・政府報告に関する意見」

○2011年6月18日：国庫助成に関する全国私立大学教授会連合『誰もがお金の心配なく大学で学べるように―漸進的無償化をめざして』

○2017年11月18日：日本私大教連「私立大学政策提言」（全17頁）。「2　高等教育の無償化に向けて、すみやかに授業料無償化の立法措置を行うとともに、完全無償化をめざす計画を立案・実行すること」を求め、「高等教育の漸進的無償化法案」（全6条）を提案している。同日、「日本私大教連の私立学校法改正案」も発表した。

◯2018年2月16日：全大教「（声明）高等教育無償化をすすめるにあたりすべての国民の学ぶ権利の保障と大学自治の尊重を求める」

なお、全国の大学の連合体である国立大学協会「高等教育における国立大学の将来像」（全35頁、2018年1月26日）、日本私立大学連盟「未来を先導する私立大学の将来像」（全12頁、2018年4月）は、それぞれの立場で長大な高等教育の「将来像」を論じているが、国際人権A規約13条・無償教育条項には全く言及していない。全大教・日本私大教連との違いが際立っている。

Ⅱ部　無償教育政策の動向と教育費の現状

第4章　無償教育政策の動向と背景

1　無償教育政策の最近の動向

無償教育政策論の最近（第2次安倍政権が成立した2014年12月以降）の動向は以下の年表の通りである。教育無償化の潮流はこの間に急速に強まり、2017年10月総選挙では、ほぼ全政党が共通して、幼児教育から高等教育までの無償化と給付奨学金の創設を選挙公約に掲げるにいたった。当面、低・中所得世帯に限定する政党があるとはいえ、地殻変動的な情勢の変化である。「教育無償化」の新聞記事数（朝日、毎日、読売の3紙の合計）の2015年24から16年181、17年1212への急増ぶりに世論の変化が反映している（参考文献1⑯）。

それ以前の公立高校授業料不徴収・高校等就学支援金は、2010年度に民主党政権下で実施され、公立高校の授業料相当（年額約12万円）が無償となったが、2014年度、自民党政権下で所得制限（年収910万円）が導入され、現在に至っている。

【2015年】

○2月12日：日本共産党・地方選挙政策（自治体独自の給付制奨学金創設・拡充）

○2月12日：安倍首相国会施政方針演説＝「学生への奨学金も、有利子から無利子への流れを加速し、将来的に、必要とするすべての学生が、無利子奨学金を受けられるようにしてまいります」「地方で就職する学生には、奨学金の返済を免除する新たな仕組みをつくります」

○7月8日：教育再生実行会議第8次提言：幼児教育段階的無償化、高等教育の教育費軽減と有利子奨学金の完全無利子化、所得連動返還型奨学金制度の導入。

○10月26日：財務省方針：国立大学運営費交付金を15年間、毎年1％削減（文科省試算：授業料15年間に53万円から93万円に引き上げが必要）への日本共産党などの反対。

【2016年】

○2月22日：所得連動返還型奨学金制度有識者会議「第1次まとめ」

○3月26日：日本維新の会党大会：憲法改正原案の3本柱の第1に「幼児期から大学までの教育完全無償化」を掲げ、「義務教育を定めた憲法26条を改正し、幼児期の教育から高等教育まで無償とする」「経済的理由によってその機会を奪われない」と決定。

○4月1日：2016年度予算＝国立大学：「運営費交付金に頼らず自らの収益で経営」、奨学金：無利子46万人→47・4万人、有利子87・7万人→84・3万人、授業料減免：国立5・7→5・9％、私立4・2→4・5％、給付奨学金なし。

○6月2日：「ニッポン一億総活躍プラン」（閣議決定）：「給付型奨学金については、世代間の公平性や財源などの課題を踏まえ創設に向けて検討を進め、本当に厳しい状況にある子供たちへの給付型支援の拡充を図る」

○7月10日投票：参議院選挙の政党政策：・自民党：幼児教育無償化、高校等奨学給付金充実、大学生等給付型奨学金創設、教育費軽減。・民進党：給付型奨学金創設、有利子奨学金廃止、所得連動返還型奨学金制度創設。・日本共産党：大学授業料引き下げ（10年半額）、本物の奨学金（給付制奨学金〈月額3万円、70万人〉）、有利子奨学金廃止、既卒者の奨学金の減免制度。
○8月2日：「未来への投資を実現する経済対策」（閣議決定）：「給付型奨学金については、平成29年度（2017年度）予算編成過程を通じて制度内容について結論を得、実現する。」
○9月17日：公明党党大会採択「政策ビジョン」：大学無償化検討。
○12月19日：文部科学省・給付型奨学金制度検討チーム「給付型奨学金制度の設計について〈議論のまとめ〉」（全13頁、2017年度、2018年度予算に具体化（後述））

【2017年】

○2月15日：自民党・「恒久的な教育財源確保に関する特命チーム」：幼児教育から高等教育の無償化の財源確保策（4・1兆円）を「教育国債」「こども保険」新設を含め検討開始。
○3月31日：改正日本学生支援機構法公布（17条の二：学資支給金、「特に優れた者」）
○4月1日：2017年予算（大学奨学金関係）
　1061億円（38億円増、ほかに財政融資資金8203億円）。①「給付型奨学金の創設」＝17年度約2800人、18年度から「本格実施」、②無利子奨学金の希望者全員貸与（「低所得世帯の子供たちに係る成績基準を実質的に廃止」）、③新たな所得連動返還型奨学金の対応、④利子負担軽減措置、⑤大学等奨学金事業の健全性確保（返還相談体制の充実ほか）、⑥新制度の周知・広報措置（スカラシップアドバイザーの派遣）。
◯4月19日：学生支援機構、奨学金延滞率の大学名公表。
◯8月31日：２０１８年度予算概算要求（文教関係4兆４２６５億円〔３３０８億円増〕）
◯9月11日：「人生１００年構想会議」（安倍内閣の目玉「人づくり革命」を話し合う有識者会議。第１の柱に「教育の無償化や負担軽減、リカレント教育（学び直し）の拡充」）
◯10月22日投票：総選挙の政党政策
・自民党：「幼児教育無償化を一気に加速化」「真に支援が必要な所得の低い家庭の子供たちに限って、高等教育の無償化を図ります。このため、必要な生活費をまかなう給付型奨学金や授業料減免措置を大幅に増やします」「教育の無償化」などを中心に「憲法改正を目指します」「本年末までに『人づくり革命』に関する2兆円規模の新たな政策パッケージを取りまとめます」。
・公明党：「教育負担の軽減」—①幼児教育無償化の実現（２０１９年度まで）、②私立高校（年収５９０万円未満世帯の就学支援金拡充、２０２０年度までに私立高校授業料実質無償化、奨学給付金拡充）、③大学等（給付奨学金拡充、希望するすべての学生等への無利子奨学金貸与、所得連動返還型奨学金制度の既卒者への適用、授業料減免拡充、多子世帯対策）、④小中学生（就学援助に学習支援費など追加）
・日本共産党：「教育の無償化」—①義務教育期間中の教育費無償化、②幼児教育・保育の無償化、③高校授業料を完全無償化、④高等教育の無償化（当面10年で国公私立の学費半額、給付制奨学金の抜本的拡充、貸与制奨学金の無利子化）
・社民党：①保育料や幼稚園授業料の負担軽減・無償化、②高校授業料は私立高校を含め無償化、外国人学校等にも適用、③高等教育の学費は無償化を目指し段階的に引き下げ、奨学金は無利子を原則とし、奨学金の対象・水準を拡大、返還者の負担軽減・免除策導入。
・日本維新の会：「幼稚園や保育園をはじめ、全ての教育を無償化する」。
・希望の党：「保育園・幼稚園の無料化と、返済不要の奨学金を増やします」。
・立憲民主党：「児童手当・高校等授業料無償化とともに所得制限の廃止。大学授業料減免、奨学金の拡充。」
◯10月31日、財政制度等審議会資料（12月予算編成建議の資料）
「経費負担は真に支援が必要な低所得世帯の子供に絞り込むべきではないか」「高所得世帯も対象にしてしまう全面的な無償化（略）適切ではないのではないか」
◯11月28日：自民党・憲法改正推進本部・全体会議、「教育無償」を努力目標とする方針決定。
◯12月8日：「新しい経済政策パッケージ」（閣議決定、A4判36頁）の教育無償化（2019年度一部、20年度全面実施、財源は消費税8→10％（2019年10月）の1・7兆円と企業拠出3000億円）
①幼児教育・保育＝3～5歳：上限設定、0～2歳：住民税非課税世帯。
②高等教育＝「所得が低い家庭の子供たち、真に必要な子供たちに限って高等教育の無償化を実現する」。⑴授業料免除（住民税非課税世帯・一定の成績要件の者。国立大学：全額、私立大学：国立大学授業料に上乗せし一定額）、⑵給付型奨学金（生活費を賄える措置）、⑶支援大学の条件（4条件―実務経験教員の科目配置、外部人材の理事が一定割合以上、厳格な成績管理、財務・経営情報開示）
③私立高校（年収590万円未満世帯の授業料実質無償化―2017年度予算ベースで住民税非課税世

帯は実質無償化、350万円未満世帯は最大35万円支給、590万円未満世帯は最大25万円支給）

これに対し、日本私立大学団体連合会（2018年2月）、国立大学協会（2018年3月8日）から、国立大学と私立大学の格差固定化、支援大学の要件による学生の進路選択、大学の自主性主体性の制限等について意見が寄せられている。国立大学協会のアンケート（3〜4月、国立大学86校、回答72校）によれば、「政策パッケージ」の高等教育政策に賛成10％、反対72％、その他18％であった（毎日新聞、5月17日）。

◯12月22日：2018年度予算成立し、2018年4月より執行。文教関係4兆482億円（308億円増）。概算要求より8・5％抑制。以下、教育無償化・奨学金関係の概説。

①幼児教育無償化330億円：「幼児教育無償化に関する関係閣僚・与党実務者連絡会議」（平成29年7月31日初会合開催）の方針を踏まえ段階的に進める。年収約360万円未満相当世帯の保護者負担軽減（第1子12万8000円、第2子6万1000円）

②高校等就学支援金3708・4億円：年収約910万円以下、私立高校の低所得世帯は所得に応じ1・5〜2・5倍を支給。

③高校生等奨学給付金132・8億円：生活保護世帯（国公立3万2300円、私立5万2600円、その他に生業扶助の高校就学費）、非課税世帯（全日制等、第1子単価、国公立8万8000円、私立8万9000円）、同（同、第2子以降単価、国公立12万9700円、私立13万8000円）

④大学等奨学金事業1161億円：給付人員2・3万人（新規2万人）、給付月額2万円（国公立・自宅）、3万円（国公立・自宅外、私立・自宅）、4万円（私立・自宅外）。無利子奨学金の拡大

（53・5万人、有利子75・7万人）。

⑤授業料減免482億円：国立大学6・5万人、私立大学7・1万人

⑥授業料軽減関係：国立大学法人運営交付金1兆971億円（前年比同額）、私立大学等経常費補助3154億円（2億円増）

【2018年】

◯1月23日：厚労省、幼児教育無償化に関する有識者会議の初会合（「政策パッケージ」に基づく制度設計案を夏までに結論）。

◯1月30日：文科省、高等教育無償化に関する有識者会議の初会合（同前）

◯2月28日：自民党・憲法改正推進本部・全体会議、憲法26条、89条改正案了承。2017年10月総選挙の公約、「無償」規定は見送られた。教育無償化は政策論議ですすめ、憲法改正を目的化すべきではないなどの意見（2017年8月1日全体会）によるものとされる。

26条（教育条項）新設3項―「国は、教育が国民一人一人の人格の完成を目指し、その幸福の追求に欠くことのできないものであり、かつ、国の未来を切り拓く上で極めて重要な役割を担うものであることに鑑み、各個人の経済的理由にかかわらず教育を受ける機会を確保することを含め、教育環境の整備に努めなければならない。」

89条（公金支出禁止条項）―「公の支配に属さない」→「公の監督が及ばない」

◯6月15日：「骨太の方針2018」（「経済財政運営と改革の基本方針2018」全73頁）＝年収270万円未満の住民税非課税世帯には国立大学は授業料免除、私立大学は国立大学との差額の2分の

1をそれに加算し、同世帯の給付奨学金に生活費を措置し、年収300万円未満世帯はその3分の2、年収380万円未満世帯はその3分の1を支援する。その場合、「新しい経済政策パッケージ」の高等教育無償化の支援4条件（大学自治介入）が前提。

2 無償教育政策の背景

すでに見たように、2018年は給付奨学金の本格実施が始まり、2017年10月総選挙での各政党共通の幼児教育から高等教育までの教育無償化政策が具体化する〝**無償教育元年**〟ともいうべき年である。それが国際人権A規約13条「2018年問題」の波と重なり、教育無償化・給付奨学金、教職員の地位・働き方などその中心課題が、世論や国政の焦点に浮上してきた。

その潮流の背景には、国際人権A規約の採択（1966年）後の半世紀の時代の変化がある。その象徴が日本の高等教育（大学、短大、専門学校等）の大衆化であり、進学率は1966年16・3%から2016年80・0%に上昇した。進学しない者も高学費が主たる理由であり、高等教育進学の潜在的必要・要求は100%に近く、学費軽減・無償化は切実な国民的要求となっている。その要因は、平均寿命の伸び、基礎的教養の上昇、経済成長などさまざまであるが、そのうち平均寿命の伸びが基本的要因であろう。

ほとんどすべての者が就学する**基礎的教育年限**（就学前から（準）義務教育までの年限）と平均寿命の関係の歴史をみると、ほぼ1：4の比率で推移している。例えば、

○1898（明治31）年：義務教育終了年限11歳─平均寿命44歳
○1947（昭和22）年：同14歳─52歳
○1970（昭和45）年：準義務教育年限（高校進学率82％）17歳─72歳
○2016（平成28）年：同（高等教育進学率80％）21歳─84歳
と推移し、平均寿命の4分の1の基礎的教育年限は、現在では大学学部レベル、「人生100年時代」なら大学院レベル（25歳）に達する。

義務教育の「外部効果」（制度の外部、社会が受ける経済的公共的利益。教育経済学の用語）は、その年限延長とともに拡大し、生涯所得の学歴格差は縮小し、それを考慮すれば、小中学校の義務教育と同様に高等教育までの完全な公的負担＝無償教育が必然的な方向である。

基礎的教養の上昇も国際的趨勢であり、学士課程レベルの初回進学者（再進学を除く）は、日本50％に対しOECD加盟国平均57％、修士課程レベルで各8％、23％（2015年）に達し、国際教育政策も、すべての者の高等教育の機会均等と無償教育実現の方向である。

ユネスコ「21世紀に向けての高等教育世界宣言」（1998年）は、国際人権A規約13条の無償教育条項を踏まえ、21世紀の諸課題の解決は「高等教育に課せられた役割によって決定される」（教育最優先）とのべ、とりわけ「批判的思考」などを備えた民主的・行動的市民の育成を重視している。基礎的教養の上昇に加え、21世紀に予想、予感される文明的・人類的危機・暴走の制御、克服のため、高等教育における知的・民主的市民の育成は、国際社会の最優先課題となっている。高等教育無償は21世紀国際社会の確かな潮流である。

第5章　過重な教育費負担、少子化と財政危機

1　過重な家計負担教育費の実態

諸調査が過重な家計負担教育費の実態を証明している。

表1によれば(1)、子ども1人の幼稚園（3歳）から大学（21歳）までに必要な家計負担教育費（年間平均、2016年度）は、国公立学校コース（高校まで公立、大学は国立）1125万円、私立学校コース2571万円である。これに、0～2歳の保育費75万円（年額25万円×3年）と0～21歳まで22年間の保育費・教育費を除く家計消費支出2046万円（1人年間93万円×22年）を加えると、子ども1人当たりの大学卒業までの費用総額は、国公立学校コース3171万円、私

表1　家計負担教育費の実態
（2016年度、子ども1人当たり年額平均、単位；万円。統計数値の千円未満は四捨五入）

校　種	公立（大学は国立）			私　立		
	総額	学校外活動費 大学は生活費	学校教育費 （ ）は授業料	総額	学校外活動費 大学は生活費	学校教育費 （ ）は授業料
幼稚園	23.4	9.3	14.1（6.2）	48.2	13.4	34.8（21.6）
小学校	32.2	21.8	10.4（－）	152.8	61.3	91.5（46.1）
中学校	47.9	30.1	17.7（－）	132.7	32.1	100.6（42.5）
高　校	45.1	17.5	25.6（0.8）	104.0	28.5	75.5（27.2）
大　学	151.1	86.9	64.3（50.7）	200.4	64.3	136.1（121.0）

（資料）文科省『子供の学習費調査』、日本学生支援機構『学生生活調査結果』各平成28（2016）年度。

（注）学校教育費には学校給食費を含むが高校、大学は含まず、高校以下の「学校外活動費」は事実上の家庭教育費。『学生生活調査結果』では「学生生活費」を「学費」と「生活費」に区分している。表1の「学校教育費」は大学の場合は「学費」に相当する。

（参考）①家計消費支出（2016年度平均、2人以上平均）＝年額388.6万円（総理府家計調査）

②保育料（2012年）＝年額24.6万円（月額20,491円）（厚労省「平成24年地域児童福祉事等調査の結果」）。

立学校コース461万円となる。大学の年間「学生生活費（家計負担教育費）」は国立151・1万円、私立200・4万円であり、家計消費支出（2人以上の世帯）の年額平均388・6万円の各38・9％、51・6％に匹敵する。さらに高卒初任給は231・4万円であり、大学に進学すればその分（4年で920万円余）の所得を放棄することになる（教育経済学の「放棄所得」）。

高等教育進学率が80％（2016年）の今日、この費用負担は普通の家庭で不可欠であり、その捻出に悪戦苦闘している。特に過重な教育費が家庭の物質的精神的ゆとりを奪い、家計を〝教育費地獄〟に陥れ、教育を受ける権利を形骸化し、低所得層を直撃して貧困・格差を拡大し、少子化に拍車をかけ、競争を激化させるなど日本社会の疲弊と衰退の根源となる。

2　高学費と高等教育の修学難

【学生生活の実態】 日本学生支援機構「学生生活調査」（2014年11月、約9万人・回収率46・2％、大学昼間部）によれば、学生生活の実態は以下の通りである。

①学生生活費（年間収入）＝197・1万円（家庭の給付119・3万円、奨学金40万円、アルバイト32・1万円、定職その他5・6万円）。

設置者別＝国立161・6万円、公立155・3万円、私立208・4万円。

②学生生活費（年間支出）＝186・7万円（学費＝学校納付金、修学費等119・5万円、生活費＝食費、住居・光熱費等66・7万円）

③年収別学生数の割合

年齢別（百万円未満）	構成比	（%）
2	5.9	小計 26.2
3	5.0	
4	7.2	
5	8.1	
6	10.5	小計 42.4
7	11.2	
8	10.7	
9	10.0	
10	7.0	小計 31.4
11	8.2	
12	3.4	
13	3.1	
14	1.8	
15	1.3	
15～	6.6	

④アルバイト従事状況＝アルバイト従事77・6％

⑤奨学金＝受給51・3％（内訳は学生支援機構81％、その他の奨学金7・8％、両方8・1％）

高等教育進学率80・0％（2016年）のうちこの調査の対象である大学昼間部（学部）の進学率は52・0％、その学生の年収別割合は表の通り500万円未満26・2％、600以上～900万円未満42・4％、900万円以上31・4％である。大学学部に進学しない48・7％のうち高等教育進学者は短期大学4・9％、専門学校（専修学校・専門課程）23・1％、高等教育の非進学者23・1％という進路状況である。短大、専門学校に進学した学生は28％であるが、学費の支払いを抑えるために、修学期間1～2年の学校を選んだであろう。大学入学者定員割れ私立大学は4割を占めており、総じて学費を納付すれば入学は可能であり、大学学部に進学できない主たる理由が高学費である。進路・進学が高額な学費で左右されている（学費の安い学校に進学したい高校生の割合は55％〔全国高校PTA調査〕）。

【高等教育の国際的落差】 高等教育までの無償教育は、1966年採択の国際人権A規約13条に明記されたが、日本政府は半世紀にわたり無視し続け、国民の進学要求を逆手に「受益者負担」政策を推進し、費用を家庭に転嫁してきた。積年の失政で教育予算は主要国最低、〝世界一の高学費〟の現状である。OECD（経済開発協力機構）35カ国の教育予算の割合（教育機関に対する公財政支出の対GDP（国内総生産）比、2014年）は全教育段階で平均4・4％、日本3・2％、高等教育段階で各1・1％、0・5％（平均の半分以下）、高等教育支出の公費負担割合は各70％、34％、いずれも最低または最悪である（「図表でみる教育―OECDインディケータ2017年」）。高等教育機関に在学する学生数の割合は、国公立大学が各70％、21％、「公営私立」大学（公費50％以上）が各14％、0％、「独立私立」大学（公費50％以下）が各15％、79％である（同2014年版）。学費は約半数の国（調査30カ国で15カ国）で無償、有償でも低額が一般（在学確認料、登録料など）であり、学費を軽減する給付奨学金は、日本とアイスランドの2カ国が不在、両方とも無いのは日本だけである。

日本の奨学金制度はすべて貸与（借金、ローン。給付制が2017年度にごく一部導入）であり、それを受給するしないにかかわらず、低い所得層の学生は在学中もアルバイトに追われ、卒業後は奨学金返済の借金地獄に苦しんでいる。諸外国の場合、例えば、デンマークでは授業料無償のうえ給付奨学金―月額（現在の円換算）：自宅通学約5万円、自宅外通学約10万円―がすべての学生に所得にかかわらず一律支給される。北欧で一般的な高等教育の完全無償と通学条件に応じた一律給付奨学金の支給が国際人権A規約がめざす方向なのである。

【高学費政策と修学難】 学費（授業料と入学料の合計）は、1975〜2003〜2015年度の間に国立大学8・5万円（指数1）～80・2（9・4）～80・2万円（9・4）、私立大学27・8（1）～109・0（3・9）～122・5万円（4・4）と高騰し、この間のGDP（国内総生産）152（1）～521（3・4）～532兆円（3・5）を上回り、学費の国立大学：私立大学はこの間に1：3～1：1・4～1：1・5と推移した。

特に1975～2003年度は私立大学の異様な高学費が膨張を続け、それに国立大学の水準を近づける学費負担の「国立の私立化」政策が推進され、低所得層の救いであった割安の国立大学の学費はさらに急騰した。国立大学の入学倍率は高く、その競争には高所得層が有利であり、例えば、東京大学の学生の父親（家計支持者）の年収（2015年）は950万円以上が34・1％を占め、職業は高所得の管理的職業26・5％、専門的技術的職業22・6％が半数にのぼる（同「学内広報」1489号、2016年12月16日）。国立大学も低所得層には縁遠い大学に変質した。

大学生の8割（2016年度、学部77・6％。短期大学95・0％）が高い学費の私立大学に学んでいるが、その学費は私立大学経常費補助の低下（1970年度開始、1980年29・5％、2015年度9・9％）で年々高騰し、しかも、学費の相対的に安い国立大学の新設は抑制し（1975～2016年に81～86校）、私立大学を増設している（同期間305～600校）。学費の相対的に安い国立大学の拡充を見送り、学費の高い私学増設を促し、学生の8割が自主的な選択ではなく、そこに通わざるをえない状態を政策的につくりだしてきたのである。露骨な高学費政策であった。

国民の高等教育への要求は高いが、学費の現状は、すべての者の高等教育の実現にほど遠く、4年制大学に進学しない者は半数を占め、進学しても多くの学生はアルバイトに追われ学業に専念できない。経済的理由による中途退学者は5人に1人（21・2%）にのぼり（文科省・中途退学等調査、2015年度）、大学生の1週間当たりの授業以外の学習（学修）時間はゼロ44・7%、1〜5時間35・7%、計80・4%、11時間以上10・5%、アルバイトの時間は11時間以上44・2%（国立教育政策研究所調査、2014年）である。2007年のデータでは学習時間11時間以上が日本14・8%、アメリカ58・4%、中国86・7%（一大学の例）であり、国際的落差も際立ち、年々悪化している(2)。

日本に来る外国人留学生数は12・2→15・2万人と増加している反面、日本から海外に留学する学生数は、2005〜15年に8・0→5・5万人と減少し、グローバル化と真逆である。

大学の劣化は研究でも同様である。例えば、大学の教育力、研究力、国際性などを比較する世界大学ランキング2018（イギリスのタイムズ紙、2004年以降。2018年は60カ国、上位1000大学対象）では、2014〜18年に日本でトップの東京大学23位→46位、2位の京都大学52位→74位と低下し、早稲田大学、慶応大学も600位以下である。国別指標平均では教育27位、研究35位、被引用論文49位、国際性57位、産業界からの収入29位である。大学教員に占める外国人教員の割合は、日本平均5・7%、諸外国は3〜5割が普通である（例：ハーバード大学30・1%、オックスフォード大学43・9%）。

3　学校・教師の疲弊

国際人権A規約13条は、無償教育・奨学金のほか学校制度の発展や教育職員の地位の改善を提起しているが、積年の教育予算の削減で教育条件は劣化し、学校・教師が疲弊している。無償教育が実現しても教師の地位が貧弱ではその意義は半減する。

イギリスの国際教育機関「バーキーGEMS財団」（VERKEY GEMS FOUNDATION）の「2013年世界教員地位指数(3)」（2013・Global Teacher Status Index）は、同財団とサセックス大学の研究者が開発したユニークな研究である。2013年10月発表のそれは、OECD加盟国中心に中国、エジプト、ブラジルなど21カ国を調査対象とし、各1000人を抽出し、質問は社会地位、給与・待遇、教員組合の機能の3点である。それによれば、「世界教員地位指数」ランキングは、1位中国、4位韓国、9位アメリカ、10位イギリス、13位フィンランド、17位日本などであった。

OECD国際教員指導環境調査(4)（TALIS、2013年）は、調査対象34カ国、前期中等学校（中学校）の校長・教員、1カ国200校（1校当たり教員20人、校長1人）の調査報告であり、諸外国に比較し日本の教師の地位の落差が浮き彫りにされている。例えば――

①1学級当たり生徒数は日本31人（34カ国平均24人）、（以下、同じ）②教員1人当たり生徒数20・3人（12・4人）③支援職員の不足72・4％（46・9％）、④1週当たり仕事時間合計53・9時間（38・3時間）、⑤教員の自己効力感（12項目）16〜54％（70〜90％）、⑥授業の準備が「非常に良くできている」14・6％（60・3％）、⑦有資格教員の不足79・7％（38・4％）、⑧学校の自律的裁量（教科書・教材の選定）43・4％（94・0％）、⑨女性校長6・0％（47・4％）、⑩職能開発参加

への雇用者の支援不足59・5％（31・6％）、⑪少人数共同学習32・5％（47・4％）、⑫学習評価の自由29・1％（67・9％）。

教職の専門職制を規定する主要な要因は教員の養成年限であり、現在、その延長、6年制教員養成（修士課程）が国際的趨勢である。日本でも「修士レベル化を想定」している（第2期教育振興基本計画〔2013年6月閣議決定〕、2013〜2017年度）が、現状（2013年度）では、大学院卒の割合は小学校4・2％、中学校8・2％、高校14・7％である（文部科学省「学校教員統計調査」）。諸外国の修士課程進学率（2014年）は、OECD加盟国平均23％、日本8％であり、日本の教師の学歴水準の低さは国際的に顕著である。

1980年代以降の「行政改革」「構造改革」により、教職員定数抑制、教員人材確保法凍結、義務教育諸学校教員給与の国庫負担率引き下げ（2分の1から3分の1、2004年度以降）、非正規雇用増大などが進行し、教師の地位が年々劣化している。

身分不安定、待遇劣悪な非正規雇用教員（幼稚園〜大学、2016年度）の全教員に占める割合は24・4％、高等教育では専修学校73・4％、短大69・2％、大学51・6％を占める。無償教育が実現しても詰め込み・マスプロ授業、正規教員不足では十分な効果は期待できない。それと一体的な学校制度の発展と教職員の地位の改善が不可欠である。

4　少子化を加速する教育費負担、財政危機

【少子化の現実】 過重な教育費負担、教育条件劣化による学校教育の疲弊、質の劣化は、若い世代の子育ての意欲を奪い、少子化を加速し、労働人口急減、経済の長期停滞、超高齢化など、日本の未来を脅かしている。

調査対象の単位が夫婦であるアンケートによれば(5)、理想的な子どもの数は2・42人、実際の子ども数は2・07人、理想の子ども数を持たない理由は、1位「子育てや教育にお金がかかりすぎるから」60・4%、2位「高年齢で生むのはいやだから」35・1%、「欲しいけどできないから」19・3%など（2011年、国立社会保障・人口問題研究所調査）、少子化の主因が過重な子育て・教育費負担であることは、長年のこの調査で毎回実証されている。20代独身者の結婚意欲は、男子：正規70・0%、非正規50・9%、女子：各81・3%、71・0%（2012年、厚労省）と男女・雇用格差があり、高い教育費は出産意欲とともに結婚意欲にも影響している。結婚・出産は本人の自由であり、その意欲の規定要因・背景は多様であるが、子育て・教育費の狂乱的高さが決定的であることは明らかである。非正規雇用・低収入が4割に達する若い世代は、教育費暴騰で結婚、出産の夢が奪われている。

出生数は、団塊世代1947~49年生まれの年平均270万人から2017年94万人と70年間に3分の1（34・8%）に減少し、その結果、人口も1億2808万人（2008年、ピーク）→1億2653万人（2015年）→9924万人（53年）→7856万人（75年）→6313万人（95年）→5054万人（2115年）と減少し、100年後に40・0%となる（国立社会保障・人口問題研究所推計）（江戸時代末期、1834年3263万人に接近）。それに伴い、労働生産人口（15~64

歳）の割合は、67・4％（2000年）→60・8％（2015年）→51・4％（65年）と縮小し（OECD加盟国最低）、子どもや高齢者などの社会的扶養は困難を極める。反面、世界の人口は75億人（2015年）→112億人（2115年）と49・3％増加し、日本の人口比は1・7％→0・45％に縮小する。日本は少子化がとまらない国に転落する。

出生数の今後の見通しは厳しく、「少子化スパイラル」から脱却できない。出産適齢期（20〜39歳）女性が、1996〜2016年に1720〜1369万人（80・0％）減少し、少子化でその数がさらに減少し、現在の合計特殊出生率（一人の女性が生涯に生む子どもの数、2016年1・44、人口維持には2・07必要）でも今後20〜30年、出生数は減り続ける。「生涯未婚率」（50歳まで1度も結婚しない人の割合）は、2015〜2035年に男性23・4〜29・0％、女性14・1〜19・2％と上昇し、未婚・晩婚が少子化を一段と加速する。しかも、地方の疲弊で若者が東京に一極集中し、東京では高い生活費、それを稼ぐ長時間労働・残業代稼ぎなどで未婚・晩婚化に拍車がかかる。結婚しても生める子どもはせいぜい1人、東京都の出生率（総人口比、2014年）は1・15（全国平均1・43）、都道府県最低であり、出生数の1割を占める東京都の出生率低下は日本全体の人口減を助長する。

少子化は、高等教育を直撃する。18歳人口減少（推計：2018年118万人〜2040年88万〜2065年69万人）に伴い入学者数は減少の一途を辿り、定員不足大学が急増し（2015年、私立大学604校のうち定員充足率90％以下250校（総数の41・4％）、うち80％未満114校（18・9％））、大学倒産・閉校続出は避けられない。

個別大学の対応策ではなく、無償教育による高等教育進学の促進、社会人のリカレント教育、高齢者の学習機会の保障などの社会的対応策が不可欠である。諸悪の根源、肥大化した有償教育から無償教育政策への即時全面転換が、少子化対策、国の蘇生、大学救済の要である。

しかし、それには莫大な公費支出が必要であるが、国の財政は破綻の危機に瀕し、その見通しは現状のままではきわめて厳しい。国の借金（政府総債務残高）は、1985〜98〜2017年度に232〜622〜1311兆円（国民1人当たり約1000万円）と約30年間に6倍、GDP比236％に膨張し、世界185カ国で最悪の1位である（外国の例はアメリカ14位108％、フランス23位97％、イギリス29位87％、ドイツ57位64％、中国101位48％、韓国123位40％、ロシア176位17％など。IMF統計）。第2次世界大戦の敗戦時（1945年）の200％を超え、〝第二の敗戦〟が危惧されている。政府の信用度は低下しており、金利が上昇すれば、利払いが増加し、財政破綻に直結する。最近、政府機関関係の学者グループの『財政破綻後―危機のシナリオ分析』（日本経済新聞社、小林慶一郎編著、2018年4月）と称する著作も刊行された。

2018年度予算では歳入総額97・7兆円に占める公債（借金）の割合は34・5％、その返済・償還に当てる国債費（借金返済費）は23・3％であり、多額の借金とその返済で予算の3割に達し、一般歳出を大きく圧迫している。「教育無償化」も財政難から棚上げになる可能性が高く、事態は極めて深刻である。

しかし、予算の使い方を抜本的に改めれば展望はある。詳細は「第11章　無償教育の展望と財政」を参照されたい。

第6章　貧困・格差と就学支援・奨学制度

1　貧困・格差の拡大と子どもの貧困

「失われた20年」（1997～2017年の経済の長期停滞）のもとでの富の大企業・富裕層への偏在・集中が進む一方、国民所得は停滞し、貧困・格差が急拡大した。

1997～2015年の名目GDP（国内総生産）の伸びは、世界78カ国平均＋（プラス）230％（32・2→74・2兆ドル）に対し日本は－（マイナス）16％（5・2→4・4兆ドル）と停滞した（総務省統計局『世界の統計2017』）。しかし、この間の大企業の内部留保（資本金10億円以上の法人企業の利益剰余金）は＋213％（142→302兆円）、超富裕層の純金融資産（5億円以上保有者）＋214％（1人当たり6・3→13・5億円）と膨張し、さらに加速している。

他方、国民大衆の労働・生活環境は悪化の一途を辿り、この間、労働者の平均賃金－23％（433→377万円）、貯金ゼロ世帯＋303％（10・2→30・9％）、ワーキングプア＋231％（4・2→9・7％）、被保護世帯＋270％（60→162万）など国民生活は対照的に悪化している（厚労省等の政府統計）。

このような「階級社会」ともいうべき富の偏在・集中と貧困・格差の拡大のもとで、国民大衆が過重な教育費負担に苦しみ、教育の機会が奪われ、少子化が加速し、経済が長期停滞する悪循環が続いている。

(1) 子どもの貧困と将来への影響

【子どもの貧困】 社会の貧困・格差の拡大は、社会的弱者の子どもを直撃する。貧困・格差の問題は、戦後初期の絶対的貧困の時代から戦後73年の各時期に存在したが、2000年代から新たな社会的関心事・ブームに浮上し、とりわけ「子どもの貧困」が注目されている。子どもの貧困対策法(2013年6月制定)はそのひとつの集約である。

貧困に関する最新データ(厚労省「平成27年国民生活基礎調査の概況」、18年6月)によれば、「相対的貧困率」は、3年毎に行われる調査で1985年12・0%から2012年16・1%に漸増してきたが、2015年15・6%と減少に転じ、同様に「子どもの貧困率」も1985年10・9%から2012年16・3%に増加、2015年13・9%に減少し、子どもの貧困は「6人に1人」から「7人に1人」に改善された。

「相対的貧困率」とは、収入から税や社会保険料などを引いた全世帯の可処分所得を1人当たりに換算して低い順に並べ、中央の額(中央値)の半分(貧困線)に満たない人の割合をいう。「子どもの貧困率」は、貧困線以下の「子ども」(18歳未満)の割合である。

統計方法は経済協力開発機構(OECD、加盟国35カ国)共通で、国際比較が可能である。同統計（2010年、「家族データベース・子どもの貧困」）によれば、「相対的貧困率」は平均11・3％、日本16・0％（29位）、「子どもの貧困率」は平均13・3％、日本15・7％（25位）、「子どもがいる世帯の相対的貧困率」は「大人が1人」（ひとり親世帯）の場合、平均31・0％、日本50・8％（33位、最低）である（内閣府『平成26年版：子ども・若者白書』31頁）。発達した資本主義国家群のなかで、日本はいずれもランクが低く、そのしわ寄せはひとり親世帯に集約されている。生活保護の「捕捉率」（生活保護基準以下の世帯で生活保護を受けている世帯の割合）は、英仏等8～9割に対し日本は政府の最新（2016年）の調査で22・9％（国民生活基礎調査、諸研究では最高19・7％）であり、ひとり親世帯も多くが放置されている。2015年データの改善要因には、高校就学支援制度（2010年度以降）、子ども・若者育成支援制度（同）の拡充が考えられるが、2013年からの子どもの貧困対策法の影響はこの段階では少なく、事態は依然、深刻である。

【貧困の影響】経済的貧困は、不十分な衣食住・文化的資源、不適切な養育環境・虐待等のもとで子どもの不安・不信・孤立、自己肯定感の低下、問題行動、学習意欲・学力の低下、低学歴などの原因になりやすく、ひいては成人後の貧困、次世代間貧困連鎖をまねき、膨大な社会的損失ともなる。高額な教育費負担は、とりわけ低所得・貧困世帯を苦しめ、学習条件・環境を劣化させ、進路・進学を阻み、学力・学歴のハンディが雇用、職業、結婚などを生涯にわたり困難にする。データで検証してみよう。

例えば[1]、①一般に世帯収入と学力は相関し、全国学力調査（文科省、2014年）によれば、算数Aの得点は、年収200万円以下67・2点、700～800万円79・9点、1500万円以上

85・6点。②生活困窮度別の生活習慣の比較では、「食事を決まった時間に食べる」は非生活困難世帯70・9％、生活困難世帯60・8％。③年収と本を読み聞かせた時間と「勉強が好き」の割合（2015年）は、月3日以下47・6％、週に1〜3日57・2％、週に4日以上63・4％。④経済的状況と大学等進学率（専修学校、短大を含む、2016年厚労省調査）は、全世帯73・2％、生活保護世帯33・1％、児童養護施設24・0％、ひとり親家庭58・5％（厚労省調査）。⑤学歴・性別賃金（50〜54歳、2014年、万円）は、大学・大学院卒：男子54・5万円、女子42・7万円、高専・短大卒：各40・9万円、28・7万円、高校卒：各34・8万円、22・5万円（同）

貧困＝子どもの発達のゆがみではなく、貧困が人への思いやり、努力、忍耐など人格的成長を促す面も丁寧に評価されるべきであろうが、その発達可能性を抑圧する社会的リスクは大きい。

（2）子どもの貧困対策法

2013年6月、子どもの貧困問題への社会的関心の高まりを背景に、議員立法「子どもの貧困対策の推進に関する法律」（2013年6月26日成立、2014年1月施行、全16条）が成立した。国と自治体の関係施策は、現在、これに基づき実施されている。それに先行し、イギリスでは「子どもの貧困対策法」（Child Poverty Act 2010）が2010年に制定され、相対的貧困率の2010年10％以下などの目標が掲げられた。

本法は、「子どもの将来がその生まれ育った環境によって左右されることのないよう、貧困の状況にある子どもが健やかに育成される環境を整備するとともに、教育の機会均等を図る」ことを目的に掲げ（1条）、「子どもの貧困対策は、子ども等に対する教育の支援、生活の支援、就労の支援、経済的支援等の施策」の推進を、「国及び地方公共団体の関係機関相互の密接な連携の下に」取組むことを基本理念（2条）とし、「地方公共団体は（中略）国と協力しつつ、当該地域の状況に応じた施策を策定し、及び実施する責務を有する」（4条）などと規定し、「子どもの貧困に関する大綱」（基本方針、指標、支援、調査研究）の制定を義務づけている（8条）。「教育の支援」は就学、学資、学習等、「生活の支援」は生活相談、社会との交流等、「就労の支援」は職業訓練、就職の斡旋等、「経済的支援」は各種手当支給、貸付金の貸付等（10〜13条）である。内閣府に大綱案作成等のため「子どもの貧困対策会議」が設置される（15条）。

大綱（全24頁）は、2014年8月作成され、「子どもたちは国の一番の宝」「全ての子供たちが夢と希望をもって成長できる社会」などの理想（はじめに）を掲げ、法定の必要事項―「子供の貧困に関する指標」とその改善の重点施策をのべ、5年を目途に見直すとしている。また、法7条は、子どもの貧困の状況と対策の実施状況の公表を義務づけ、内閣府は、2014年度、2015年度状況を公表している（全18頁）。

大綱が掲げる基本方針は、貧困の世代間連鎖の解消、児童養護施設・生活保護世帯・ひとり親家族など緊急度の高い子どもの優先的施策、見えにくい貧困の実態把握の調査研究、子どもの貧困の指標作成、子どもの貧困対策のプラットフォームとしての学校の位置づけ、教育費負担軽減、社会的孤立への対応、家族が接する時間の確保、金銭給付・現物給付の組み合わせ、官民連携の国民運動である。

具体的対策は、「教育の支援」の場合、学力保障、子どもの自己肯定感を高め貧困理解を深める教員研修、学校と福祉関連機関との連携（スクールソーシャルワーカーやスクールカウンセラー配置促進、家庭教育支援）、地域の学習支援、高校の就学継続支援、幼児教育の無償化、就学援助の活用、学生のネットワークや相談体制、夜間中学校の設置促進、学校給食費の補助、多様な体験活動の機会提供などである。

地方公共団体には計画策定、4つの支援策に加え、「地域を基盤とした支援ネットワークの整備・活用」を求めている。

同法は、文字通り「子どもの貧困対策」の総合的政策であり、重要な事項が含まれ、特に貧困の根源である教育については「教育の支援」を最初に掲げ、教育費負担の軽減にも言及している。しかし、総合的政策の反面、貧困の根源である教育、特に高い教育費用への認識は不十分であり、対象である「子ども」（18歳未満）の乳幼児・初等・中等教育の無償化政策は不徹底といわざるえない。子どもの貧困を生み出す親の貧困対策、その根源である教育の機会の不均等の対策も、「子どもの貧困」との関連で重視されるべきである。

2　就学支援・奨学制度と自治体の責任

就学支援・奨学制度の基本原理について、現行の教育基本法は「教育を受ける権利」（憲法26条）の実質化をめざし、「教育の機会均等」（4条）を定め、「人種、信条、性別、社会的身分、経済的地位又は門地によって、教育上差別されない。」（1項）、「国及び地方公共団体は、能力があるにもかかわらず、経済的理由によって修学が困難な者に対して、奨学の措置を講じなければならない。」（3項）としている。

同条は、「法の下の平等」を定めた憲法14条に規定されていない「経済的地位」による差別を禁じ、国民の実質的平等の達成のため、教育の平等の徹底を格別に重視し、奨学を国と地方公共団体（自治体）の共同義務としている。関連して、地方自治法は「住民の福祉の増進」（1条）を、児童福祉法は児童の養育のため保護者の支援を国と自治体の共同義務としている（3条の二）。

この理念のもとに形成された奨学制度の運用では、国とならんで自治体の役割・責任が重要である。子どもや教育の貧困解決は、国と自治体の共同責任であり、国が不作為の場合は、自治体がその遂行を求め、自治体の努力と責任で国の不備欠陥を補完する責務を免れない。子どもの貧困対策や義務教育の就学援助、高校就学支援、奨学金等について、自治体の不作為からの脱却と積極的役割が求められる。

例えば、「義務教育は、これを無償とする」（憲法26条）との規定にもかかわらず、国の方針で授業料と教科書以外は有償であり、その他の学校納付金（年間平均、小学校約10万円、中学校17万円、表1参照）を学校設置者である市町村が徴収し、違憲状態が放置されている。義務教育で経済的困難な者を補助する就学援助制度の自治体格差は大きく、財政力が比較的同等な政令指定都市（全20市）でも就学援助率は広島市31・2％、新潟市30・3％、大阪市30・1％から静岡市8・7％、川崎市8・4％、浜松市7・0％の開きがある（文科省調査）。高校では国の就学支援金制度（所得制限910万円）により公立高校の授業料は実質無償であるが、東京都は2017年度から私立学校（年収760万円未満世帯）にもその実施に踏み切るなど、私学助成の自治体格差が大きい。大学生等の奨学金は、1041自治体で実施し、3・1万人が給付奨学金を受給しているが、奨学金制度の無い自治体は4割を超えている。以下、活用されるべき就学支援・奨学制度の概要を説明する。

（1）社会保障制度

①生活保護

生活保護法（1950年5月4日公布）は、憲法25条に基づく「最低限度の生活の保障」と「自立の助長」を目的に制定され、無差別平等、最低生活の保障、保護の補足性（資産・能力などの活用でも不足する部分の補足）の原理と申請保護（要保護者の申請で開始）、基準・程度の原則（保護基準の不足分の補足と基準の最低限度の生活充足の程度）に基づき運用される。学校教育関係では次の保護が規定されている。

○義務教育

生活扶助（12条）：一時扶助として入学時の被服、学用品等の購入費が含まれる。

教育扶助（13条）：支給の範囲は義務教育の必要費―教科書・学用品・学校給食・その他であり、「学習支援費」（2009年度～）は学習参考書等の購入費、課外クラブ活動費などに充てられる。

○高校

生業扶助（17条）：技能修得費に高校就学費（２００４年度～）、学習支援費を含める。高校就学費は、学資保険裁判最高裁判決（２００４年３月16日）を受け２００４年度から実施された。同裁判は、原告の生活保護世帯が子どもの高校進学に備え学資保険に加入し、満期に所定の金額を受け取ったが、福祉事務所がそれを「収入」と査定し保護費を減額したため、提訴したものである（三輪ほか最高裁に「要請書」２００３年３月提出）。

◯大学等

高学費と奨学金制度の不備のもとで生活保護世帯の大学等の高等教育進学は経済的に極めて困難である。生活保護世帯の高校卒業後の進路（２０１４年３月）は、進学31・７％（うち大学・短大18・５％）であり、平均の76・２％（同53・８％）よりかなり低い。児童養護施設の子どものそれは22・６％（同11・４％）である（政府統計）。

そのため、生活保護世帯の子どもは総じて生涯にわたり職業が制限され待遇が悪く、貧困の世代間連鎖に拍車がかかる。貧困対策の社会保障費はかさみ社会的損失も大きい。

生活保護制度では「稼働能力の活用」の理由から昼間の大学等就学は認められず、進学の場合は就学者を世帯から除外する「世帯分離」が行われる。残された保護家庭の収入は減少し、就学者は学費を確保しなければならず、進学のハードルは高い。低所得者対象の奨学制度（２０１８年度、授業料減免：国立大学６・５万人、私立大学７・１万人、貸与・給付奨学金など）があるものの、人数や学力などで制限され、多額の負債を負う貸与奨学金は忌避される。学校教育法１条に規定する「１条校」とは異なる省庁設置の「大学校」（防衛、防衛医科、海上保安、気象）は給与が支給されるが、少人数の狭き門である。

生活保護世帯の高等教育進学を制度的に保障するには、「世帯分離」ではなく、世帯に在籍のまま所要の学費・生活費を支給する制度を確立し、児童養護施設やひとり親世帯の子どもにもこれに準ずる制度を適用する必要がある。

②児童福祉（2018年度）

○児童手当＝児童手当法（1971年5月公布）に基づき中学校修了前の児童に1人月額1～1・5万円が支給される（所得制限960万円）。

○児童扶養手当＝児童扶養手当法（1961年11月公布）に基づきひとり親家庭を対象に1人月額4万2330円（児童1人の場合）が支給される。

○母子・父子及び寡婦福祉＝母子及び父子並びに寡婦福祉法（1964年7月公布）に基づき修学資金が貸与（20年以内に償還）され、1人月額：高校5万2500円、大学9万6000円である。

（2）就学援助・奨励制度

①就学援助制度

小中学校の就学援助は、学校教育法19条（経済的就学困難への援助義務）に基づき就学奨励法（「就学困難な児童及び生徒に係る就学奨励についての国の援助に関する法律」、1956年3月30日公布）、学校保健安全法17条、学校給食法7条を根拠に行われ、経費は自治体が負担し、国がその2分の1を補助する。

対象は、要保護（生活保護世帯）・準要保護世帯であり、援助基準は自治体で異なり、全体として生活保護基準の1・2倍程度以下である。要保護世帯に就学援助費が支給される場合は、生活保護法の教育扶助費は差し引かれる。

援助費用は、学用品・同購入費、通学交通費、修学旅行費（就学奨励法）、学校給食費（学校給食法）、医療費（学校保健安全法）であり、毎年度、文科省予算で補助金単価が決まり、自治体（市町村）がそれに準じて支給し、自治体の所要財源は、地方交付税交付金の基準財政需要額に算定され措置されている。援助費には以上の名目費のほか、入学準備金、校外活動費、体育実技用具費、クラブ活動費、児童・生徒会費、PTA会費が補助金単価に含まれ、自治体独自の費目もある。

制度の説明は、主に年度初めに市区町村の広報や学校の案内などで保護者に行われ、その申請を受付けて支給され、学校の判断で支給する場合もある。就学援助は自治体の慈恵ではなく、憲法や法律に基づく国民の権利であり、保護者が使いやすいように、その旨を広報で丁寧に説明する必要がある。

実際の父母負担の学校教育費（2016年度）は、小学校10・2万円、中学校16・7万円、これに対応し就学援助の一般費目（入学準備金など特別の費目を除く）の補助金単価は、各10・7万円、19・3万円である。児童生徒総数に占める就学援助受給者の割合（就学援助率）は、1997～2015年度、6・6～15・4％（148万人）と増加し、自治体格差も著しい（2012年度、大阪府26・7％、静岡県6・2％）。

②特別支援学校就学奨励制度

特別支援学校は、視覚障害者、聴覚障害者、知的障害者、肢体不自由者、病弱者（身体虚弱者を含む）に対して普通学校に準ずる教育を行うとともに、障害による学習上生活上の困難を克服し自立を図るために必要な知識技能を授けることを目的としている（学校教育法72条）。特別支援学校の就学奨励制度は、障害による就学困難を克服することを援助するため、普通学校のそれと異なる制度となっている。

根拠法は就学援助法とは異なる「特別支援学校への就学奨励に関する法律」（1954年6月1日）であり、それに基づき、特別支援学校の児童・生徒の就学に要する経費（教科書、学校給食費、通学・帰省交通費・付添人交通費、寄宿舎経費、修学旅行費、学用品購入費）を都道府県が支弁し、その2分の1を国が負担する。特別支援学校の設置者は都道府県である。ここでは、経費の支払いは「支弁」であるが、就学援助法では「支給」という文言が使われている。

世帯収入と支弁率の関係は、負担能力の程度に応じ、生活保護基準の1・5倍未満は全額（小学部、中学部は教科書費を除く費目、高等部は付添人交通費を除く費目）、同1・5～2・5倍未満は半額（小学部、中学部は教科書費を除く費目、高等部は付添人交通費、学用品購入費を除く費目）、同2・5倍以上は半額（小学部、中学部は通学交通費、帰省交通費、付添人交通費）または全額（高等部は教科書費）である（同法施行令2条）

就学援助に比べ支弁される世帯収入の水準が高いのは、普通学校に比べて特別支援学校の児童・生徒の必要経費が障害等により割高であり、保護者がその世話のため就労等が制限されるなどの事由による。

（３）高校

①高校就学支援金

高校無償化（２０１０年度）による就学支援金（所得に応じ12～30万円）とその所得制限（２０１４年度、９１０万円）（金額は約である）

②奨学給付金

「奨学のための給付金」（住民税非課税世帯［年収約２５０万円未満、世帯の12・２％］対象、生活保護世帯：生業扶助20万円に３～５万円加算、23歳未満の兄姉のいる世帯：13～14万円、それ以外の世帯４万円。）

○私立高校の修学支援状況（年収別、都道府県数、２０１７年）

世帯年収区分	支援額		
	授業料最高額	授業料平均額	独自支援
～２５０万円	19	23	5
～３５０万円	9	11	20
～５００万円	1	4	18
～６００万円	0	3	15
６００万円～	0	1	5

（備考）授業料平均額支援の年収上限は、高い順に東京都７６０万円、埼玉県６０９万円、大阪府５９０万円、京都５００万円、７県（宮城・茨城・長野・愛知・鳥取・愛媛・福岡）３５０万円、その他の県２５０万円。

③高校奨学金

自治体、年度により異なるので調査、確認が必要である。全国統計は次節を参照。

都道府県実施＝千葉県の例　２０１５年度、貸与、所得認定６９３万円（給与所得、公立）、修学意欲、月額：公立・自宅１万円〜私立・自宅外３・５万円。返還：卒業後６ヵ月、12年以内、進学・経済的困難（給与所得２３０万円以下等）の場合猶予、保証人２名。

区市町村実施＝東京都の例　区（15区）、市（14市）、町（3町）、高校〜大学、貸与（大多数）と給付。

民間団体実施＝東京都の例　19団体、高校〜大学、貸与と給付（大多数）

学校実施＝東京都の例：少なくとも私立高校33校。

3　奨学金制度の変遷、現状と課題

学生が利用する学資の貸与・給与は、日本では通称「奨学金」といわれるが、法令では「学資の貸与」（日本育英会法、学生支援機構法）、「学資の貸与及び支給」（改正学生支援機構法）であり、「奨学金」という用語はない。一般に外国では学資の支給（給付）のみを奨学金（scholarship、grant、fellowship）といい、貸与は学生の借金（student loan）と区別しており、日本も「（公的）学生ローン」の呼称が提案されている。ここでは通称を使い、必要に応じて「貸与奨学金」「給付奨学金」

などという。

（1）奨学金制度の変遷

【戦前から一九九〇年代】 奨学金制度の説明、検討に先立ち、その歴史的変遷を概説しておこう(2)。

日本の奨学金制度の歴史は、戦前、明治期からの師範学校の給費制が知られている。1886（明治19）年の「師範学校令」は「師範学校生徒ノ学資ハ其ノ学校ヨリ之ヲ支給スヘシ」（9条）と定め、その後に継承され、「師範教育令」（1943（昭和18））では「師範学校ニ於テハ授業料ヲ徴収セス」（7条）と規定された。

文部省は昭和期の1935年以降、各国の奨学金制度の調査を行い、詳細な報告書をまとめた。「独逸プロイセンの給費制度」『内外教育制度の調査』第6輯（1935（昭和10）年3月）、「欧米各国の奨学制度」同（1936年3月）などの給付奨学金の国際調査である。アジア・太平洋戦争期には、「大東亜教育体制確立ニ関スル建議」（1942年2月10日）に基づき、戦時下の人材対策として「大日本育英会法」（1944年2月7日公布・施行）が制定され、「優秀ナル学徒ニシテ経済的理由ニ因リ修学困難ナルモノニ対シ学資ノ貸与其ノ他之ガ育英上必要ナル業務ヲ行ヒ以テ国家有用ノ人材ヲ育成スルコトヲ目的トス」（1条）と定められた（詳しい経緯は『日本育英会二十年記念誌』1964年3月）。育英主義と機会均等主義が基本原理であった。

戦後の教育法制は戦前のそれと断絶し、「教育を受ける権利」（日本国憲法26条）、「教育の機会均等」（旧・教育基本法3条）の原理は定められたが、日本育英会法は改廃されず（「大日本育英会法」

は48年7月、「日本育英会法」と改称)、「国家有用ノ人材ヲ育成スル」という育英主義が継続した。その後の同法改正により、死亡等や教育職・研究職の返還免除(53年8月)、一般貸与(「優秀ナル学徒ニシテ経済的理由ニ因リ修学困難ナルモノ」)と特別貸与(「特ニ優秀ナル学徒ニシテ経済的理由ニ因リ著シク修学困難ナルモノ」)」の区別(58年4月)などが規定された。

1980年代以降の「行政改革」(臨時行政調査会答申)のもとで有利子制(利息付き学資金、84年8月)が規定され、以下の「附帯決議」(衆議院)が採択された。—「無利子貸与制度を根幹とし(中略)財政が好転した場合は(有利子制の見直しを—註)検討」「返還免除制度は堅持」「国際人権規約第13条2(b)及び(c)については、諸般の動向をみて留保の解除を検討する」。

【2000年代から現在】 2000年代の「構造改革」・特殊法人改革・廃止(民営化原則)のもとで特殊法人・日本育英会は廃止となり、それに替わる「独立行政法人日本学生支援機構法」(2003年6月18日)が制定された。「附帯決議」(参議院)では「無利子奨学金を基本」とされたが、その後、有利子制が急拡大する。1998〜2012年間の貸与人員は合計50〜134万人(無利子39〜39万人、有利子11〜96万人)有利子の割合は22・0〜71・6%と増大した。

2012年9月、民主党政権による国際人権A規約13条・無償教育条項の留保撤回後、有利子の割合は減少に転じ、2018年度の貸与人員は137万人(無利子56万人、有利子80万人)、有利子の割合は40・9%である。その留保撤回を転機に教育無償化の政策的合意がしだいに広がり、給付奨学金は、「ニッポン一億総活躍プラン」(2016年6月2日、閣議決定)、「未来への投資を実現する経済対策」(2016年8月2日、閣議決定)、文部科学省・給付型奨学金制度検討チーム「給付制奨学金制度の設計について〈議論のまとめ〉」（２０１６年12月19日）を経て改正機構法（２０１７年3月31日）に「学資支給金」が定められた。

２０１７年度予算の奨学金関係は以下の通りであり、２０１８年度に継承される。――①「給付型奨学金の創設」、②無利子奨学金の希望者全員に対する貸与（「低所得世帯の子供たちに係る成績基準を実質的に廃止」）、③新たな「所得連動返還型奨学金」の確実な実施のための対応（例：年収１４４万円以下の最低返還月額１万４４００円→２０００円）、④学生等の利子負担の軽減等のための措置（利率０・１→０・01％）、⑤大学等奨学事業の健全性確保（返還相談体制の充実ほか）、⑥新制度の周知・広報等のための措置（スカラシップアドバイザーの派遣）。他方で、貸与返還金の延滞率（平均１・４％）の個別大学名が公表され、大学ランキングを助長している。

他方、国（学生支援機構）以外の民間の奨学事業が発展してきた。その規模は、２０１６年度、５０２８団体（地方公共団体１１３７、学校２６１８、公益法人など１２７３）が実施し、学生数55・５万人、事業額１４７１億円（国の事業額１兆４６５億円の14％）、そのうち給付型奨学金の受給学生は約26・４万人（地方公共団体３・８万人、学校18・４万人、公益法人４・１万人ほか）を数える（学生支援機構奨学事業調査、注２文献参照）。これらの事業額規模は国の１割程度であり、９割を占める国の制度拡充は喫緊の課題である。

（2）奨学金制度の現状――関係法令

国の奨学金制度は、独立行政法人日本学生支援機構法、同施行令、同施行規則、業務方法書、貸

与奨学規程、給付奨学規程、各細則などに詳しく規定されている。

①独立行政法人日本学生支援機構法

機構の目的は、「教育の機会均等に寄与するために学資の貸与及び支給その他学生等の修学の援助を行」うこと、その他、大学が行う学生の修学・進路等の相談・指導の支援、留学生交流事業を行い、「修学の環境を整備し、もって次代の社会を担う豊かな人間性を備えた創造的な人材の育成に資するとともに、国際相互理解の増進に寄与することを目的とする」（3条）と定められている。

学資の種類は、無利子貸与の「第一種学資貸与金」（対象は「特に優れた学生」）、利息付き（有利子）の「第二種学資貸与金」（同「優れた学生」）、その併用（14条）、学資の支給（同「特に優れた者であって経済的理由により極めて修学に困難」な学生）（17条の二）である。返還の特例は、「災害又は傷病」等により「返還期限を猶予」、「死亡又は精神的若しくは身体の障害」により「学資金の全部又は一部の返還を免除」（15条）、大学院では「特に優れた業績を挙げた」者に「全部又は一部の免除」（16条）が行われる。

②同法施行令

貸与月額は、大学（学部、短期大学）、大学院、高等専門学校、専修学校別に規定されている。2017年度の場合、以下の通りである（単位：月額、万円）。

○第一種学資貸与金（1条）

	自宅通学	自宅外通学
大学（国公立）	2、3、4・5	2、3、4、5・1
（私立）	2、3、4、5・4	2、3、4、5、6・4
短期大学（私立）	2、3、4、5・3	2、3、4、5、6・0
専修学校（国公立）	2、3、4・5	2、3、4、5・1
（私立）	2、3、4、5・3	2、3、4、5、6・0

大学院：修士課程・専門職大学院課程5、8・8万円、博士課程：8、12・2万円

◯第二種学資貸与金（2条）

利率：年利3％

大学、高等専門学校4・5学年、専修学校：3、5、8、10、12

大学院：5、8、10、13、15（私立大学医学部等：上限16、法科大学院：同22）

一時金：10、20、30、40、50、年利3％以上（3条）。在学中、返還猶予期間は無利子。

返還期間「二十年以内」（猶予あり）、返還を怠ったとき「未済金の全部返還」（5条）。

③国立大学法人法22条4項に基づく「国立大学等の授業料その他の費用に関する省令」

2004年3月公布。標準額（2018年度）は、授業料の年額53万5800円、入学料28万2000円、検定料1万7000円（1条）であり、標準額の1・2倍以内で各大学が独自に費用を定めることができ、「経済的理由によって納付が困難であると認められる者」等に「免除」「猶予」が行われる（11条）。

④奨学生数・事業規模

奨学生は、国の奨学金131万人（2018年度、304万人の43・1％）、自治体・学校・団体実施の奨学金55・2万人、計186万人（国と自治体等の奨学生は重複を含め61・2％）である。学生比は国70・4％、自治体・学校・団体29・6％、奨学事業額比は国9436億円（86・5％）、その他1471億円（13・5％）、計1・09兆円（100・0％）であり、学生比7割、事業額比9割が学生支援機構のそれを利用している。

（3）奨学金制度の問題点と課題

①「人材の育成」の方向づけ

奨学事業の目的は、文部科学省の任務規定（同省設置法3条）と同じく「人材の育成」とされ（機構法3条）、「人材」に限定、特化されている。一般に「人材」とは「才能があって、役に立つ人」など人の能力の一面を指す人を使用する社会（企業、国家など）の立場の表現であり、企業や国家の必要、要求に左右されやすい。

これに対し、教育基本法は、憲法の定める「教育を受ける権利」（26条）を受け、教育の目的を「人間の育成」、「人格の完成」（前文、1条）と規定している。国際法でも、「教育への権利」の実現のために教育の目的が定められ、「人格の完成及び尊厳の意識の十分な発達」「人権及び基本的自由の尊重」「社会に効果的に参加」「（集団間の）友好」「平和の維持」（国際人権A規約13条）、「子どもの人格、才能及び（中略）能力をその可能な最大限度まで発達」（子どもの権利条約28条）などと規定され、「人材」育成の観点とは異なる。機構法が奨学事業の目的を「人材の育成」に一面的に限定、方向づけることは、内外の基本法規法の理念、目的に離反、逸脱し、ひいては学生の人格形成を歪めることになる。

②金融事業化

学資の有利子制導入（1984年）、奨学団体の特殊法人から独立行政法人への転換（2004年）により、奨学事業の教育事業から金融事業への変質がすすみ、現在でも有利子貸与の割合は40・9％（2018年度）を占め、利率3％（日銀0金利下の2017年度は固定型0・27％、変動型0・1％）が法定されている。

③給付（学資支給）の割合の低さ

学資支給対象の高等教育機関（大学院、大学、短大、高等専門学校4・5年、専修学校・専門課程）の学生総数362・4万人（2017年度）に対し、完成時6万人でも1・7％である。高等教育に進学しない者を含めると学資貸与・支給対象者は453万人と推計され、6万人はその1・3％にすぎない。

④貸与額の低さ

学生生活費（2016年度）が国立大学151万円、私立大学200万円、これに対し第一種学資貸与金の年額が国立：自宅54・0万円〜自宅外61・2万円、私立：各64・8万円〜76・8万円、学生生活費の3割余である。

⑤貸与人数の少なさ

高学費にもかかわらず高等教育の進学要求は高く（80・6％、２０１７年）、奨学金の希望者に比し貸与人数が少ない。貸与人数１３７万人（２０１８年度）は高等教育機関の学生数の37・8％、未就学者を含め高等教育の対象となる年齢層の30・２％にすぎず、低中所得世帯を中心に潜在的希望者はそれを遙かに上回る。

⑥成績基準の制限

学生支援機構法は、無利子の「第一種学資貸与金」は「特に優れた学生」、有利子の「第二種学資貸与金」は「優れた学生」に貸与されると定め（14条）、前者は高校の成績が5段階相対評価で３・５以上（18年度、低所得世帯で実質廃止）、後者は平均以上という成績基準が適用され、多くの学資希望者が成績基準により排除される。在学中の成績不良等の場合は貸与中止、交付済み金額の返還が求められる。

⑦返還の厳しさと生活の困難

返還制度は厳しく、滞納が返還開始時期（卒業の年の10月27日）から3ヵ月経過で個人信用情報機関に登録（5年間。クレジットカード、ローン利用不能）、9ヵ月経過で法的措置（簡易裁判所の支払督促、応じないとき強制執行〔給与、財産差押え〕）、支払能力ある場合に返還を怠ったとき「未済金の全部返還」（施行令5条、返還額全額、利息、延滞金5％）など、返還を強制している。

学生は在学中の数百万円の貸与学資を、卒業後、20年以内に少なくとも毎月1～2万円以上返還を余儀なくされ、就職難、非正規雇用（大学卒の20・4％、正社員以外に就職）、低収入等の場合、学資返還の負担が長期にわたり生活（結婚、出産、育児）を脅かす。学生の意識は在学中も「返済できるか」不安が74・3％、「返済中であることが結婚に影響する」が46・4％など奨学金が大きな心理的負担になっている。（大学生協連調査、注2）

⑧返還金回収業務の過酷

延滞の場合、機構が委託する債権回収会社（公益財団法人国際教育支援協会）が代位弁済請求する（人的保証なら連帯保証人・保証人に請求、機関保証なら一括返還請求）。返還の救済措置（年収320万円以下の場合、返還額が2分の1～3分の1、最長15年、返還額不変）や所得連動型返還制度（2017年度発足）もあるが、猶予申請・許可は困難であり、返還トラブル、自己破産、返還額増大などに見舞われる。

⑨高学費の放置

奨学の方法は、学資補助・支給だけでなく、学費の軽減・無償化、寄宿舎・食堂の整備などさまざまな施策があるが、高額な学費や寄宿舎整備は放置され、学資が学費の補填や生活費に消え、修学効果は半減する。

⑩経済的困難者の貸与忌避

経済的に困難な者ほど学資貸与に伴う返還負担を忌避し、進学・進路を諦め、進学しても無理なアルバイトや生活、修学費の節約などで学生生活が貧しくなる。

（４）給付型奨学金制度と問題点

「給付型奨学金」が、２０１７年度から一部が先行実施され、２０１８年度から本格実施が始まった。学生支援機構法は、「学資の支給」「学資支給金」を規定し、「特に優れた者であって経済的理由により極めて修学に困難」がある学生を対象とし（17条の二）、関係規程では「給付奨学金」、学生は「給付奨学生」とも呼称される。制度設計は、文部科学省・給付型奨学金制度検討チーム「給付型奨学金制度の設計について〈議論のまとめ〉」（2016年12月19日）にのべられている。

2017年度は「給付奨学金元年」であり、1944年公布の日本育英会法による学資貸与制から、1984年度の有利子制導入、2005年度の日本学生支援機構法による有利子制拡大を経て、奨学金史上73年ぶりに給付制が導入された。しかし、その規模は小さく、将来は「教育保障制度」の趣旨に基づき飛躍的に拡充する必要がある。

「給付型奨学金」の2017年度の先行実施の規模は、低所得層の私立・自宅外生約2200人、社会的養護が必要な学生等約600人、計約2800人である。

2018年度の本格実施計画では、対象が高等教育（大学、短大、高等専門学校、専修学校専門課程）の1学年2万人（完成時で計6万人）程度、住民税非課税世帯（約15万人、収入基準は夫婦子・子ども2人世帯295万円以下）、給付月額は2万円（国立・自宅）、3万円（国立・自宅外、私立・自宅）、4万円（私立・自宅外）（年額24～48万円）であり、完成時でも日本学生支援機構の貸与者総数131万人（学生の43%、18年度）の4・6%、高等教育機関学生362万人（17年度）の1・7%にすぎない。これが実施されても、現行の貸与・有利子制が95%（無利子：有利子＝33：67、17年度）を占め、高額な貸与による返済負担は重く、無理な回収・返還などの苛酷な事態はほとんど改善されない。

金額も同機構の「学生生活調査」（2016年度）の「学生生活費」（学費・生活費）の平均年額（国立大学151万円、私立大学200万円）に比べ4〜5分の1である。

その上、「学資支給金」は、経済的弱者救済の理念に離反し「特に優れた者」（機構法17条の二）に限定される。支給者は全て予約採用、学校推薦（対象5785校、1校平均3・4人）、その配分枠は各学校1人と非課税世帯人数による比例配分数、推薦基準は支援機構の定める「指針（ガイドライン）」（17年4月18日）に基づき行われる。

それによれば、選考対象は住民税非課税世帯、推薦基準は、「人物について」は「態度・行動が給付奨学生にふさわしく」「人生設計が明確」「将来良識ある社会人として活動し、将来的に社会に貢献する人物となる見込み」、「学力及び資質について」は「高い学習成績を修めている」、「教科外の学校活動等で優れた成果を収め（中略）満足できる学習成績を収めている者」などの方針が示されている。この基準と全校1〜数名の枠内では、学校の裁量の余地は少なく、低所得世帯の範囲とはいえ人物・学習成績が優先され、経済的に極めて困難で給付奨学金の必要度がより高い者が排除されることは避けられない。

給付奨学金については、貧困・格差の解決、機会均等の実現、学ぶ権利の保障のため、「教育保障制度」の趣旨に基づく飛躍的拡充が課題である。

Ⅲ部　「2018年問題」の課題と展望

第7章　無償教育計画と教育保障制度

1　無償教育計画

「2018年問題」の第1課題、無償教育の迅速・効果的達成と計画的・具体的・目標明確措置として二つのアプローチが必要である。

第1は、一律無償教育計画であり、規約13条の趣旨に沿う所得制限を設けない全教育段階の無償教育の漸進的実施計画の迅速な作成と達成である。

第2は、世帯の所得に応ずる「教育保障制度」であり、低所得世帯の優先を基本とした就学支援・奨学制度の設計と実施である（第5節で説明）。

（1）一律無償教育計画

○幼児・初等・中等教育＝3年（2018～20年度）
○高等教育＝5～10年（2018～22年度または27年度まで）

国内でも、2017年10月総選挙を転機に、幼児教育から高等教育までの無償化がほぼ全党の共通政策となっている。その実現のため無償教育実施計画を教育段階ごとに策定し、予算・財源措置を明記し、短期間に達成する計画が必要になる。13条2項（b）（c）留保撤回（2012年9月）からすでに5年経過していることを考慮し、計画期間はなるべく短くし、普及度・必要度・教育費負担額・財源等に応じ中等教育以下と高等教育の段階に分けるのが現実的である。

この場合、所得制限を設けないことに伴う世帯の所得に応ずる優遇を調整するため、別途、税制改革による累進的課税の導入が必要である。

表2　学校教育費の「直接の費用」と「間接の費用」

（2016年度、全国平均、単位：万円）

	「直接の費用」	「間接の費用」	合計	私学在学者の割合(%)
公立幼稚園	6.2	7.9	14.1	
私立幼稚園	21.6	13.3	34.9	82.7
公立小学校	—	10.4	10.4	
公立中学校	—	18.1	18.1	
公立　高校	2.3	25.3	27.6	
私立　高校	27.2	48.3	75.5	31.2
国立　大学	50.7	13.6	64.3	
公立　大学	53.7	12.4	66.1	
私立　大学	121.0	15.1	136.1	73.4

（資料）表1と同じ。

計画には、「2018年問題」の第3の課題、「高校の授業料無償計画の作成、高校の入学金と教科書の早急な無償措置」が含まれる。高校の入学金は、公立は無料、私立は全国平均16万2212円（2016年度、文科省「私立高校等授業料等の調査結果」）、学校に納付する「教科書・教科書以外の図書費」費用は、公立2万1081円、私立2万2600円（2014年度）である（同「平成26年度 子供の学習費調査」）。

また、計画には、社会権規約委員会「一般的意見13」「同11」の基準に則し、学校教育費の「直接の費用」（授業料等）と「間接の費用」（学校納付金等）の無償措置が含まれる。

前掲文科省調査によれば、幼稚園から高校までの学校教育費の「直接の費用」は、その調査費目の「学校教育費」の「授業料」に相当し、その「間接の費用」は、それを除く「学校教育費」（修学旅行・遠足・見学費、学級費、児童会・生徒会費、PTA会費、寄附金、教科書費・教科書以外の図書費、学用品・実験実習材料費、教科外活動費、通学費、制服、通学用品費、その他）と学校給食費の合計に相当する。

また、同『学生生活調査』によれば、大学（昼間部）の学校教育費の「直接の費用」は、調査項目の「学費」を構成する「授業料、その他の学校納付金」に相当し、「間接の費用」は、その「修学費、課外活動費、通学費」に相当する。それぞれの金額は**表2**の通りである。

（2）無償教育と公営私学への移行

一律無償教育計画は、10年後の国公私立学校の無償教育完成計画であり、それに伴い設置・運営形態が激変するであろう。特に8割の学生が在籍し、その学費収入が9割を占める私立大学の経営者には衝撃的事態である。日本政府は、国際人権A規約13条の無償教育条項を「私学制度の根本原則」を理由に1979年〜2012年の33年間、留保し続けてきたが、それが通用しなくなった。政府と関係団体（私学の経営者団体や教職員組合等）との具体的協議と実行計画の作成が急務である。

すでに無償教育条項の留保撤回は私学経営の「コペルニクス的転回」の転機であり、私学の財政構造の「資本」原理から「人権」原理への転換、「ブラック大学」に代表される私学のワンマン・収益経営から民主的公共経営への転換が唱えられている(1)。

私学の運営形態では諸外国の制度が参考になる。OECD各国の学校の設置形態は、統計上、

「国公立」「公営私立」「独立私立」の3形態に区分されている（『図表でみる教育―ＯＥＣＤインディケータ『２０１４年版』』）。無償教育計画の進行過程で私立学校に対する公費助成が拡大し、その割合が50％を超えれば、その設置形態は「独立私学」から各国で一般的な「公営私立」学校に移行する。

「公営私立」（Goverment-dependent private institution）とは、「政府機関からの拠出が、主たる財源の50％以上を占めるか、あるいは教職員の給与が政府機関によって支払われている教育機関のことである。『公営』という語は、政府の財源に対する私立教育機関の依存の程度をしめしているもので、政府の指導や規制を受ける程度を示すものではない。」「独立私立」（independent private institution）とは、「政府機関からの拠出が主たる財源の50％に満たず、かつ、教職員の給与を政府機関が負担していない教育機関のことである。『独立』という語は、政府の財源に対する私立教育機関の依存の程度をしめしているもので、政府の指導や規制を受ける程度を示すものではない」（前掲書「用語解説」）。「公営私立」は「公費私学」に近い概念である。

学校運営3形態の在籍者比率は、後期中等教育（高校段階）の場合、ＯＥＣＤ加盟国（34ヵ国）平均では「国公立」81％、「公営私立」14％、「独立私立」5％、日本は各69％、0％、31％であり、「独立私立」が日本では突出している。

欧米諸国の「公営私立」の割合は、イギリス62％、ベルギー57％、オーストラリア36％、フランス31％、ハンガリー24％、フィンランド19％、スウェーデン17％、チェコ14％、スペイン12％、オーストリア10％、ノルウェー10％などである。どの国も「独立私立」はほとんどない。フランスでは、「公営私立」は「契約私立学校」といい、国との契約に基づき、国の教育課程基準に従うことを条件に国が教員給与の全額を、地方公共団体が公立と同等の経常費を負担しており、事実上、それは「公費私学」である。

高等教育段階では、OECD加盟国平均では「国公立」70％、「公営私立」14％、「独立私立」15％、日本は各21％、0％、79％であり、日本では「公営私立」がなく、「独立私立」が飛び抜けて高い。欧米諸国の「公営私学」の割合は、ポーランド30％、アメリカ28％、ポルトガル20％、スロバキア18％、フランス17％、オランダ13％、スペイン13％である。

無償教育が前進すれば、やがて「公営私立」に転換する。政府は、私立大学の経常費補助金の支出を1970年度から「予算補助」として開始し、75年度から制度的に安定な「法律補助」に格上げし、教育・研究の経常的経費の国庫補助率を2分の1以内と定めた（私立学校振興助成法〈75年7月公布〉4条）。当面、同法を改正し、「2分の1以内」を「2分の1以上」に改め、計画的にその割合を引き上げ、それに伴い私学の運営形態・方法など私学のあり方全般の検討が必要になる。

すでに、日本私立大学教職員組合は、2017年11月、「私立大学政策提言」と「私立学校法改正案」を発表している。前者で提起される「高等教育の漸進的無償化法案」は、国際人権A規約13条の具体化を目的とする「授業料相当額を就学援助金として支給する」立法措置である。後者は、公費に支援される公教育機関にふさわしいルールの確立をめざす立法措置であり、理事の公正な選出、役員の責任と報酬の明確化、監事の独立性の確保、理事会に対する評議員会のチェック機能強化と議決機関化、大学の自治を尊重した管理運営、投機的資産運用の禁止など多岐にわたる。

併せて、諸外国に比べ在学者の割合が圧倒的に多い私立学校（高校3割、大学8割）の、公立学校・国立学校への転換（特に大学）が今後の焦点的課題となる。

（3）地域無償教育計画——高等教育機関の総合的・地域均等配置・格差解消と相互連携

無償教育がすべての教育段階で地域の実態に即して実現するには、無償教育を前提とする地域単位の高等教育政策・計画—地域無償教育計画—が重要になる。その要点を考えてみたい。

高等教育機関は都道府県（47）や地域ブロック（13）ごとに、国公私立機関全体を通じてさまざまな専門分野の学部・学科が総合的・地域均等的に配置され、機関間格差は基本的に解消されるべきである。無償教育により高等教育機関は社会にひろく開放され、通学者は、正規の学生のほか年齢、職業など様々な人々に拡大し、学校以外の社会教育・成人教育（公民館、図書館、博物館など）も無償教育の機会となる。

それらの地域横断的な計画・調整と機関相互の協議・連絡・連携を行うため「高等教育地域連絡協議会」（仮称）の組織が必要である。それは地域内の活動にとどまらず、その連合が全国的視野から大都市圏など特定地域に集中・偏在する高等教育機関の現状を総点検し、地域総合・均等配置・格差解消の基本計画を作成することが求められる。中央レベル（文科省等）の関与は最小限とし、地域連絡協議会連合の活動を補助する役割を担うべきである。計画の要件は多岐にわたるが、ユネスコの高等教育に関する勧告や宣言が明示する①機関自治と学問の自由の保障、②教育職員の参加、③学生中心の原則を尊重すべきである。

情報通信機器の発展に対応した計画はそのひとつである。インターネットによる遠隔授業、通信制授業などの進展に伴い、個人も教育機関も地域内にとどまらず、地域や国境を超え、広域的にグローバルに教育・学習のネットワークが成立する。機関自治とともにそのための連携、共同が重要になる。

地域横断的計画では施設の広域統合に傾きやすいが、小規模学校等、地域に根ざす住民に身近な施設を大切にし存続させる視点が必要である。就学前・初等・中等・高等教育を通じて人間性を育む人間的規模（ヒューマン・スケール）の保持、通学の利便性、地域の地理的条件、交通事情などを考慮し、施設・学校規模の基準を機械的に適用して安易に統廃合を行わず、小規模のメリットを生かすことが望ましい。大学・大学院などで教育・研究の高度化等の必要から規模拡大が必要な場合は、連携、連合、共同利用などで対応できる。

（4）成人のリカレント教育

高等教育無償化には成人のリカレント教育が含まれる。

成人教育の無償制・奨学制については、国際労働機関（ＩＬＯ）の採択した「有給教育休暇に関する条約」（１９７４年６月24日採決）が規定している。それは、「すべての者は教育への権利を有する」との理念から「有給教育休暇」（「労働時間の特定の期間、教育上の目的で労働者に与えられる権利」（１条））を定め、その対象は「あらゆるレベルの訓練」「普通教育、社会教育および市民教育」「労働組合教育」を含む（２条）とされている。現在、ヨーロッパ諸国など35カ国がこれを批准しているが日本は未批准である。高等教育機関の25歳以上の入学者の割合は、短期高等教育機関でOECD加盟国平均33・9％、日本4・6％、学士課程で各16・6％、2・5％であり、高等教育機関への社会人の割合は日本が大きく遅れている。

同条約の早期批准とともに、市民一般の学習権保障に向けた成人教育の無償化・就学奨励も緊要である。ユネスコ「成人学習及び成人教育に関する勧告」（2015年）、「技術教育及び訓練並びに職業教育及び訓練（TVET）に関する勧告」（同）は、国際人権A規約13条の無償教育その他の諸原則、社会権規約委員会「一般的意見13」、教育職員の地位勧告等に基づきすべての青少年や成人（年齢に達しない者を含む）の生涯学習を保障するため、中等・高等教育の整備、教育職員の活動、インフォーマルな学習、情報通信技術の利用などを奨励している。成人学習・教育の目標には、批判的思考・自律的行動能力の習得、経済・労働の進展への対処・適応、持続可能な開発の学習と参画、平和や人権の促進が掲げられている。

2 「教育保障制度」の確立

（1）「教育保障制度」の構想

国際人権A規約13条の「無償教育」の趣旨は、「教育についてのすべての者の権利」（1項）の「完全な実現の達成」（2項）である。社会権規約委員会「一般的意見13」は、無差別平等原則に基づき、特に奨学制度は、「不利な立場の集団に属する個人の教育の機会均等を高めなければならない。」（53パラグラフ）としている。

また、同委員会は、無償教育に向けた締約国の即時措置義務、指標を明示した国家的教育戦略と最低基準の作成、それらの監視システムの整備を掲げている。52パラグラフは、「（無償教育を含む）国家的教育戦略を採択し、実施するよう求められる。この戦略には、教育への権利に関する指標および基準点のような、進展が緊密に監視できるようなしくみが含まれるべきである。」とのべている。要するに、人権規約は経済的困難に応じた指標、基準を明記した奨学制度の設立を義務づけており、それはすでに主要国では奨学金制度の一般的形態となっている。

この課題に応えるには、低所得世帯優先の所得に応ずる統一的な就学支援・奨学制度の確立が必要であり、「教育保障制度(2)」はその構想である。それは、三輪も早くから提起し、奨学金制度改善の市民運動でも確認され（7章註に2003年以降の論文例掲載）、奨学金の会は『提言：未来をひらく教育保障制度をつくろう』（2015年6月10日）を発表し、学校単位の教職員組合でも運動方針に掲げている。近年、政府の諸施策には、低所得世帯優先の奨学措置の考えが反映、実施され、確実に前進している（高校の奨学給付金、大学の授業料減免など）。

それは、生涯の国民の基本的人権である「教育を受ける権利」を経済的地位にかかわらず平等に保障するため、保育・教育・学習段階別に標準的教育費用を給付する制度である。現行「基準」法制―労働基準法、社会保障制度の「生活保護基準」、地方交付税制度の「基準財政需要額」など―に準じ、0歳から高齢者まで生涯の「教育保障基準」を、実態を参考に理論的に設定する（年齢・

学校段階・設置者・地域・居住形態・在学者数などの区分別）。標準的教育費用である「教育保障費」は、「教育保障基準」から「家庭負担額」（所得に応じる負担額）を差し引いた額であり、低所得者ほど基準額に近い額が優先的重点的に支給される。給付の資格要件は学校の場合は就学であり、成績基準は設けない。その確実な実現のため、「教育保障法」（後述）の制定が望まれる。最近では国会で「生活保障法」制定（日本共産党提案、2018年2月5日）が議論されている。

表3　教育保障制度の定式

A「教育保障費」=B「教育保障基準」−C「家庭負担額」

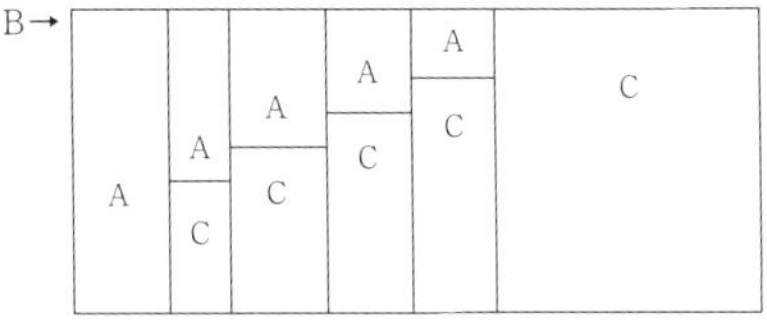

	①	②	③	④	⑤	⑥
年収別世帯（6段階）	①	②	③	④	⑤	⑥
高校生世帯の場合（万円）	~250	~350	~500	~600	~700	~700
世帯の割合（%）	12	8	15	12	11	42

A(教育保障費)の例	①	②	③	④	⑤	⑥
保育所	25	20	15	10	5	0
公立幼稚園；B=20万円	20	16	12	8	4	0
私立幼稚園；B=50万円	50	40	30	20	10	0
公立小学校；B= 30万円	30	24	18	12	6	0
公立中学校；B= 45万円	45	36	27	18	9	0
公立　高校；B= 40万円	40	32	24	16	8	0
私立　高校；B=100万円	100	80	60	40	20	0
国立　大学；B=150万円	150	120	90	60	30	0
私立　大学；B=200万円	200	160	120	80	40	0

（2）教育保障制度の具体例

表3の具体例では世帯年収区分は6段階とし、それに応じ、「教育保障費」は世帯年収に応じ、100%、80%、60%、40%、20%、0%とする。例示の世帯の割合は、国会審議資料（高校就学支援法を審議した第185回国会提出、衆議院調査局文部科学調査室作成）による高校生の世帯分布である（2011年度数値）。この場合、「教育保障基準」は実態値であり、「教育を受ける権利」の保障にふさわしい理論値の設定が本来のあり方である。

表４　世帯の年間年収別の学校外活動費の比較（2016年度）

	補助学習費		その他の学校外活動費	
	400万円未満	800〜1000万円未満	400万円未満	800〜1000万円未満
公立幼稚園	100	206	100	202
私立幼稚園	100	147	100	202
公立小学校	100	222	100	218
公立中学校	100	203	100	158
公立　高校	100	223	100	158
私立　高校	100	233	100	113

（資料）文科省前掲書より作成。

「教育保障制度」は、特に新規な制度ではなく、すでに現行制度には所得に応ずる奨学制度が各教育段階に存在する。すなわち、就学前の保育料・授業料の減免措置、義務教育の生活保護（教育扶助）と就学補助、高校の生活保護（生業扶助（高等学校等就学費））、高校就学支援金・奨学給付金、高等教育の給付奨学金などである。「教育保障制度」は、その基本理念に基づき、これらの現行制度を関連付け、整合的・統一的に運用し、拡充発展させるものである。

（３）学校外活動費（家庭教育費）の公的補助

国際人権Ａ規約13条の奨学金制度の趣旨に照らし、「無償教育」の範囲は、学校教育費の直接・間接費用にとどまらず、学校外活動費（家庭教育費）に広げ、とりわけ所得格差の是正・解消措置を含めることが必要である。

実態はどうであろうか。文科省調査によれば、家庭（保護者）が負担する教育費（「学習費」）は、「学校教育費」と「学校外活動費」（事実上の家庭教育費）の合計である。「学校外活動費」の費目の内訳は、「補助学習費」（家庭内学習費（物品費、図書費）、家庭教師費等、学習塾費、その他）と「その他の学校外活動費」（体験活動・地域活動、芸術文化活動（月謝等、その他）、スポーツ・レクリエーション活動（月謝等、その他）、教養・その他（月謝等、その他））である（カッコ内は文科省調査の調査項目)。

幼稚園から高校では、「学校外活動費」の平均額は、公立幼稚園9・3万円、私立幼稚園13・4万円、公立小学校21・8万円、公立中学校30・1万円、公立高校17・5万円、私立高校25・5万円であり、公立小中学校では「学校教育費」を上回る負担であり、しかも、一律に納付する「学校教育費」と異なり、所得格差が顕著である（**表4**）。その負担軽減、格差是正・解消に、所得に応じた公的補助が必要である。

(4)「教育保障法」の構想

教育保障制度の確立には、それを根拠づけ、体系化し、適切に運用するための法律、「教育保障法」(仮称)が必要であり、今後の重要な研究課題である。

戦後教育法制では、戦前教育における国家の過剰な教育内容統制への反省から、「教育を受ける権利」(憲法26条)保障の原理として教育内容への不介入と教育条件整備を教育行政の任務とし、1947年制定の教育基本法10条(教育行政)はつぎのように規定した。

「教育は、不当な支配に服することなく、国民全体に対し直接に責任を負って行われるべきものである。(2項)教育行政は、この自覚のもとに、教育の目的を遂行するに必要な諸条件の整備確立を目標として行われなければならない」

戦後教育改革では、教育条件を教育の発展に有意義な教育的価値として重視し、それを民主的・体系的にすすめるために教育条件整備基準の設定が指向された。1949年5月制定の文部省設置法は、「民主教育の体系を確立するための最低基準に関する法令案その他を作成すること」(4条2項)とし、「学校基準法案」(49年)、「学校施設基準法案」(50年)が作成されたが、条文は削除され基準法案は立ち消えとなった。

学界では日本教育法学会の教育条件整備法制特別委員会(1981年3月~84年4月、事務局長・三輪、14部会約100人)が、教育条件基準法案(全41条、84年4月1日、事務局長第1次試案)を発表した。当時、その構想については、三輪「教育的価値としての教育条件と基準法の構想」『季刊教育法』50号(1983年冬号)、同「教育条件基準法案の構想」『学校教育の理念と現実』(日本教育法学会年報第14号、1985年2月、有斐閣)などで説明した。

戦後教育法制では個々の法令に教育条件に関する基準が規定されているが、部分的であり、体系的基準法は未制定である。

前に指摘したように、国際人権A規約13条は、無償教育実現の国家戦略と教育への権利に関する指標・基準の制定を政府に義務づけている

第8章　朝鮮学校への就学支援金支給差別

1　問題の概要

「2018年問題」の第2は、「朝鮮学校に対する就学支援金支給」である。
就学支援金支給法（「高等学校等の就学支援金の支給に関する法律」、2010年3月31日公布）は、当初から、朝鮮高校を就学支援金支給の対象としていたが、制定後8年を経過してなお不支給という異常な事態が続いている。

本法は、「高等学校等の生徒」に就学支援金を支給し、「教育の機会均等」に寄与することを目的とし（1条）、「高等学校等」とは、「専修学校及び各種学校に限り、学校教育法1条に規定する学校以外の教育施設」で「高等学校の課程に類する課程」を置くもの（特定教育施設）（2条）とし、「日本国内に住所を有する者」に受給資格を認めている（4条）。

同法施行規則（2010年4月1日公布、省令）1条1項、同項二号ハに基づく規程（2010年11月5日、大臣決定）により受給資格基準が制定され、同基準に適合すれば、同法が適用される。2010年度には、朝鮮高校の生徒にも就学支援金支給が想定されていた。しかし、これに反対する意見もあり、立法過程でも議論となった⑴。

しかし、朝鮮高校（10校約1800人）は適用除外され、国家賠償・慰謝料請求等の訴訟が進行している（都道府県別では提訴順に大阪［2012年9月20日］、愛知［2013年1月24日］、広島［2013年8月1日］、九州［2013年12月19日］、東京［2014年1月17日］）。訴訟の原告は、生徒が東京、愛知、広島、九州、学校法人が大阪、広島）。訴訟の争点は、①法令違反（憲法、関係条約、教育基本法、就学支援金支給法、行政手続法等）、②法施行規則1条1項二号ハと規程の削除の違法性、③その政治的理由の不当性、④当該校指定基準充足、⑤審査放置の違法性、など多岐にわたる。

これに対する判決は、広島地裁（2017年7月19日、国勝訴）、大阪地裁（2017年7月28日、原告勝訴）、東京地裁（2017年9月13日、国勝訴）、名古屋地裁（2018年4月27日、国勝訴）と判断が分かれ、地裁では最後の九州の判決が注目される。裁判資料は膨大で地裁判決文だけで408頁（広島52頁、大阪101頁、東京130頁、名古屋125頁）にのぼり、関係者の努力が垣間見られる⑵。

三輪は、九州・福岡訴訟弁護団の要請により「朝鮮高校生就学支援金差別事件に関する意見書」（2016年9月22日）を福岡地裁小倉支部に提出し、不支給の不当性を論じた。そこでは、国際人権A規約が、人権に関するあらゆる差別を禁止し（2条）、人格の完成・尊厳、人権・基本的自由の尊重、諸国民の間の友好促進を目的とする「教育への権利」の「完全な実現」のため「無償教育の漸進的導入」を定めている（13条）ことを重視し、無償教育に関する三輪執筆の論文リスト90点を添付した。同小倉支部の要請に応じ、6月21日、原告・被告の弁護士の質問に三輪が応答する証人尋問に出廷した。結審は、2019年1~3月頃と予想される。

同規約の履行を促す社会権規約委員会が、「2018年問題」の緊急項目として就学支援金支給を日本政府に要求するのは当然であり、2018年度以降、過去に遡及して全学支給することが求められる。

2 国際人権規約と民族差別の禁止

国際人権A規約の基本理念は、前文に「人類社会のすべての構成員の固有の尊厳及び平等のかつ奪い得ない権利」は「人間の固有の尊厳に由来する」と明記されている。それに基づき、人間のすべての権利について、「人種」「国民的若しくは社会的出身」「他の地位によるいかなる差別」も禁止され(第2条2項)、人間の尊厳の意識の形成に寄与する「教育についてのすべての者の権利」条項が、A規約全31条中、最大の行数を割き、詳細に規定された。それは、人類社会における教育の根幹的重要性の表現であり、「人間の尊厳」の信念を確認した国連憲章や「文化の広い普及と正義・自由・平和のための人類の教育とは、人間の尊厳に欠くことができないもの」とするユネスコ憲章の精神の具体化である。第2条2項の無差別平等原則は、とりわけ「教育への権利」について厳格に適用されなければならない(後述)。

13条第3項は、保護者の公立学校以外の学校選択と教育の自由、第4項は、学校設置・管理の自由を保障している(国の定める最低限度の基準の適合が条件)。朝鮮学校の設置・管理と保護者の学校選択の自由もこの条約に合致しており、この場合、特に民族教育の自由と権利が尊重されなければならない。

規約の解釈基準である社会権規約委員会の「一般的意見13」は「規約第2条2項に掲げられた差別の禁止は（中略）教育のあらゆる側面に全面的かつ即時的に適用され」とし、第2条2項は以下の条約に照らして解釈するとしている。

①「教育における差別を禁止する条約」（1960年12月、ユネスコ総会採択、日本未批准）

②「あらゆる形態の人種差別の撤廃に関する国際条約」（1965年12月、国連総会採択。日本、1996年11月批准）

③「子どもの権利に関する条約」（1989年11月、国連総会採択。日本、1994年5月批准）

④「独立国における原住民及び種族民に関する条約」（1986年6月、ILO総会採択。日本未批准）

①の条約では、「授業料」などの援助は、「公の当局によるいかなる取り扱いの差異も許さない」、「生徒が特定の集団に属するというだけの理由で行われるいかなる制限または優遇も許さない」、「自国領域内に居住する外国人に対して自国民に与えられるものと同一の教育上の機会を与えること」（3条）と明記している。

「一般的意見20」（2009年5月22日公布、権利の無差別に関する第2条2項関係、全41項）は、規約第13条に「無差別及び平等の原則」が適用され（4パラグラフ）、「差別」とは「いかなる区分、排除、制限又は優先、もしくは差異ある待遇」（7パラグラフ）であり、「国籍」では「国内にいるあらゆる子どもたちは、不法滞在にある子どもを含め、教育を受ける権利（中略）へのアクセスを有している。」（30パラグラフ）とのべている。

以上の通り、社会権規約委員会が定める条約の解釈基準は、無償教育の民族等による差別的支給を厳密に禁止している。

それらに基づき、日本政府の第13条2項（b）（c）留保撤回後に出された社会権規約委員会の「日本の第3回定期報告に関する総括所見」（2013年5月17日）は「締約国に対して、高等学校等就学支援金制度が朝鮮学校に通学する生徒にも適用されるよう要求する。」また、人種差別撤廃委員会勧告（2014年8月19日）は以下の通り勧告している。「朝鮮学校が『高校授業料就学支援金』制度の恩恵を受けられるよう奨励する。委員会は、締約国がユネスコの教育差別禁止条約（1960年）への加入を検討するよう勧告する。」

3　憲法、教育基本法と朝鮮高校就学支援金差別の不当性

朝鮮高校に対する就学支援金は、国際法規のほか憲法、教育基本法の精神に照らし、当然に支給されるべきである。

憲法26条は、「すべて国民は（中略）ひとしく教育を受ける権利を有する（中略）義務教育は、これを無償とする」と定めた。これを受け、現行教育基本法は、「教育を受ける権利」の実質化をめざし、「教育の機会均等」（4条）を規定し、「人種、信条、性別、社会的身分、経済的地位又は

門地によって、教育上差別されない」（1項）、国・地方公共団体は「経済的理由によって修学が困難な者に対して、奨学の措置を講じなければならない」（2項）と明記している（2006年改正法4条も継承）。同条は、「法の下の平等」を定めた憲法14条にも規定されていない「経済的地位」による差別を禁じ、国民の実質的平等の達成のため、教育の平等の徹底を格別に重視した。

前述の国際法規の説明の通り、「人間の尊厳」は、すべての基本的人権の普遍的根幹的原理であり、諸権利の要である教育への権利の解釈では、とりわけそれが貫徹されなければならない。憲法制定過程や今日までの憲法学説では、「個人の尊厳」は一般に「人間の尊厳」と同義に解されるが、それを人間一人ひとりについて確認、具体化、徹底する志向が込められている。1947年4月に施行された旧・教育基本法は、「個人の尊厳」（前文）「人格の完成をめざし（中略）個人の価値をたっとぶ」（1条）ことを明記している。

「個人の尊厳」と類似の「個人として尊重」について、憲法13条は「すべて国民は、個人として尊重される。生命、自由、幸福追求に関する国民の権利は、公共の福祉に反しない限り、立法その他の国政の上で、最大の尊重を必要とする。」と規定している。日本では「個人の尊厳」は、戦後改革、戦後教育改革を貫く最大・最優先原理であり、敗戦時の国民の歴史的反省・自覚の所産であるとともに、国際社会が希求する日本の民主的再生の原点であった。

「個人の尊厳」の言葉は、憲法、教育基本法のほか、その後、国民生活のあらゆる分野―教育、子ども・若者、障害者、家族、商売、医療、福祉、社会保障、男女共同参画などに関する基本的法律（教育職員免許法の特例に関する法律、子ども・若者育成支援推進法、障害者基本法、民法、医療法、社会福祉法、男女共同参画社会基本法、社会保障制度改革推進法など）にも明記され、それと類似の「個人の尊重」「基本的人権の尊重」の言葉は、さらに多くの法律に規定され、国政のあらゆる分野の根本原理となっている。

4　朝鮮高校が受ける「不当な支配」論

（1）朝鮮高校に関する「不当な支配」論の不当性

被告・国は、本訴において朝鮮高校に関する「不当な支配」を理由に就学支援金不支給を正当化している。

被告第1準備書面は次のように主張する。――「教育基本法16条1項は、教育に対する『不当な支配』を禁止しているところ、この『不当な支配』を受ける学校は、学校運営そのものを適正に行うことができないのであるから（中略）本件規程13条に適合しない学校として、支給対象外国人学校の指定をすることはできない」（30頁）。

また、準備書面は、「不当な支配」とされる多数の事実関係を羅列し、次のようにのべている。――「文部科学大臣は、以上のような事実関係を前提として、朝鮮高級高校に対する北朝鮮や朝鮮総連の影響は否定できず、その関係性が教育基本法16条1項で禁じる『不当な支配』に当たらないこと（中略）について十分な確証を得ることができず（中略）本件規程13条に定める（中略）基準に

適合するものとは認めるに至らなかった。」(43頁)

ここに「不当な支配」の判断根拠とされる「本件規程13条」は、「債権の弁済への確実な充当など法令に基づく学校の運営」の適切さを判断する基準であり、債権弁済や「本件規程」が定める指定基準(修業年限、授業時数・科目、生徒数、教員数・資格、施設・設備等)が充足されていれば、適正な学校運営と認める羈束《きそく》的根拠である。「本件規程13条」を乱用し、「不当な支配」の範囲を無際限かつ恣意的に拡張することは許されない。

教育基本法16条が禁止する「不当な支配」とは、第一義的に国家・公権力による教育機関への不当な介入である。北海道学力テスト最高裁判決(1976年5月21日)も、教育基本法制定の歴史的反省を踏まえ、教育行政について定めた旧10条1項(現16条1項。「教育は、『不当な支配』に服することなく」以下略)について、「教育に対する行政権力に不当、不要な介入は排除されるべきものである」と判示している。

この教育行政原則は、戦前における過剰な教育の国家統制と教育の自主性の剥奪に対する痛切な反省から制定された戦後教育改革の要であり、同法の根幹的条文である。国は基本的に教育機関が「不当な支配」を受けているか否かを判断し、それに基づいてその運営に介入することは許されず、教育機関が外部のいかなる個人や団体といかなる関係をもつかは教育の自治、自主的権限に委ねられるべきことである。朝鮮高校に関する国の「不当な支配」論、それによる就学支援金差別こそ教育基本法16条が禁止する「不当な支配」であり、これに対し、朝鮮高校と外部の個人や団体との関係は基本的に「不当な支配」ではなく、学校運営の自治、裁量の範囲の問題である。

国際条約は、民族教育の自由と権利を保障し、国家がこれに「不当な支配」をすることは禁止されている。前述の通り、国際人権A規約は、「国民的出身」による差別を禁止し（2条2項）、「諸国民の間の（中略）理解、寛容及び友好」を教育目的に定めている（13条1項）。また、子どもの権利条約は、「国民的出身」による差別を禁止し（2条1項）、教育目的として「子どもの文化的同一性、言語及び価値観、子どもの居住国及び出身地の国民的価値観」の尊重の育成を指向し（29条）、少数民族に属する子どもの「自己の文化を享有し、自己の宗教を信仰しかつ実践し又は自己の言語を使用する権利を否定されない」（30条）と規定している。

被告の朝鮮高校に関する「不当な支配」論は、学校運営、教育内容に介入し、人類普遍的な条理である民族教育の自由と権利を侵害するものであり、国際法上、許されない。

（2）就学支援金支給法施行規則1条1項二号ハと規程の削除の不当性

就学支援金支給法2条に基づく同法施行規則（2010年4月1日制定）の1条1項は、専修学校及び各種学校のうち「高等学校の課程に類する課程」の要件を定め、一号は専修学校の高等課程、二号は各種学校のイ、ロ、ハの3類型とした。イは高校（1条校）に対応する外国の学校の課程と同等の課程、ロは文部科学大臣指定団体の認定した課程、ハは文部科学大臣の定める規程に基づく課程であり、朝鮮高校はハにより指定されることとされた。

2010年11月5日、二号ハに基づく規程（大臣決定、全19条、以下、「二号ハ規程」）が制定され、指定基準・手続が規定され、13条（適正な学校の基準）は、「指定教育施設は、高等学校等就学支援金の授業料に係る債権の弁済への確実な充当など法令に基づく学校の運営を適切に行わなければならない」と定めた。15条（意見の聴取）は、「教育制度に関する専門家その他の学識経験者で構成される会議」の「意見を聴くことができる」とされ、２０１０年5月26日以降、その検討会議が開催され、２０１０年度には朝鮮高校への就学支援金支給が実施される見通しであった。

しかし、延坪島発砲事件（２０１０年11月23日）、民主党政権から自民党政権への交代（２０１２年12月総選挙）、北朝鮮の拉致問題、朝鮮総連との関係など政治・外交上の理由により審査が中断し、２０１３年2月20日、自民党政権により審査基準である二号ハ・同ハ規程も廃止された。

就学支援金の所得制限（２０１４年度）に伴い、同法施行規則も改正され（２０１４年3月31日）、各種学校で日本に居住する外国人を対象とする場合の要件は1条1項四号イ、ロに規定されるが、旧規則1条1項二号ハは廃止されたままであり、復活していない。四号イ、ロでは、朝鮮高校の支援金受給の資格審査は不可能であり、それを法の目的に反し行政措置によって排除、差別するものである。

このような文部科学大臣による省令の恣意的改廃は、法律の委任の範囲の逸脱、裁量権の乱用であり、「教育の機会均等」の実現のため、すべての高校等の生徒への就学支援金支援、授業料無償化を指向する法の目的に反し、その内容を形骸化するとともに、国民的出身等により差別することなく中等教育の無償教育を導入するという国際人権A規約13条に違反することは明白である。

原告敗訴の広島・東京地裁判決は、いずれも「ハ削除」の判断を回避している。国敗訴を受けた大阪控訴審で国側は、13条（適正な学校の基準）について唐突に「四要件」を持ち出してきた。それは、①教育内容の教育基本法の理念との合致、②支援金の授業料以外の流用禁止、③外部からの不当な支配禁止、④反社会的組織との関係断絶、である。国側勝訴の東京地裁判決について、国側を代弁する文科省幹部は、国連安保理の経済制裁の行使と正当化している（「毎日新聞」2017年9月14日）

規程廃止に先立ち、日弁連「朝鮮学校を高校無償化制度等の対象から除外しないことを求める会長声明」（2013年2月1日）は、「差別無く民族的アイデンティティを保持しながら教育を受ける権利を享受することができるよう、上記省令案を撤回するとともに、朝鮮学校からの申請について、現行の法令及び審査基準に基づき速やかに終結させるよう、強く求めるものである」とのべている。

就学支援金支給法の成立時から、約8年が経過し、朝鮮高校生徒の適用除外について訴訟のほか、反対、批判の見解・意見が内外で相次ぎ(3)、混乱・不正常な状態が続いている。国連の社会権規約委員会や人種差別撤廃委員会は、明確にその適用を要求し、回答を期日（2018年5月31日）までに求めており、日本政府には朝鮮高校の生徒の権利回復と国際問題化した事態の解決のため早急な決断が迫られている。

第9章　教育職員の地位の改善

1　就学前・初等・中等教育の教育職員の地位の改善

(1) ユネスコ・ILO「教員の地位に関する勧告」の基本的性格と構成

「2018年問題」の第6は、「初等（就学前を含む）・中等・高等教育の教育職員の地位に関する勧告の着実な実施である。」

【ユネスコ「教育職員の地位勧告」の意義】 国際人権A規約13条1項の「教育への権利」の「完全な実現」のため2項（b）（c）の無償教育条項に続いて、（e）は「教育職員の物質的条件の不断の改善」を規定している。これを受け、社会権規約委員会「一般的意見13」（1999年）は、「教育職員の物質的条件の不断の改善」の基準として国連の教育機関であるユネスコやILOの教育職員の地位勧告を掲げ、それを「確保する措置の報告を締約国に勧告する」とのべている。ユネスコ・ILO「教員の地位に関する勧告」(1)（全146項、1966年10月5日、特別政府間会議採択。A規約より2カ月余早く採択。以下、「1966年勧告」又は「勧告」という）とユネスコ「高等教育の教育職員の地位に関する勧告」（全77項、１９９７年11月11日、第29回総会採択。以下、「１９９７年勧告」という）である。いずれも採択後、長い歳月を経た国際教育界の古典的文書であり、今日も教育職員の地位に関する国際基準として内外で光彩を放ち、各国に教師の地位の改善の指導指針となっている。勧告の訳文は文部省仮訳である（一部、三輪訳）。

「１９６６年勧告」の加盟国の「申立て」（allegation）を受け付け審査する機関として１９７０年以来、**「地位勧告適用に関するＩＬＯ・ユネスコ共同専門家委員会」**（ＣＥＡＲＴ、セアート）が設置され、定期会議の開催など継続的に活動している。同委員会は双方から選ばれた各６人、計12人で構成されている。

13条が義務づける「教育職員の物質的条件の不断の改善」は、無償教育の発展と不可分であり、それが不備、不十分であれば、公費が投入される無償教育はそれだけ形骸化・空洞化し、公教育の拡充が阻まれる。両者は一体的に認識されなければならない。「１９６６年勧告」は学校の無償教育と奨学の原則を明記している（10項(e)）。

各国には教育職員の地位に関する制度が独自に発達し、それぞれ尊重されるべきであるが、同時に国際社会の一員としてその国際基準は参考にされ、自国の改善に生かされる必要があり、その意義は大きい。また、国や時代により「勧告」を上回る水準が達成されている場合はそれより下げることのないように注意規定（１６４項）を設けている。

関連して、「１９６６年勧告」制定後30年を契機に、１９９６年10月、ユネスコ第45回国際教育会議（ＩＣＥ）（教育担当閣僚が参加）で採択された「教員の役割と地位に関する宣言と勧告」(2)

（序文、勧告1～勧告9。以下、ユネスコ「**教師の役割と地位に関する勧告**」又は「1996年勧告」という。）は、社会権規約委員会の「一般的意見13」では言及していないが、「1966年勧告」を補完する重要な公的文書として注目したい。

【教員の地位法制と日本政府の勧告への態度】「教員の地位」(3)は、社会的地位・評価と物質的利益の双方が含まれる（「1966年勧告」1項（b））。教師の社会的地位・評価は、教師の任務や能力に関する社会の見方や評価であり、通常、医師、弁護士、大学教授など専門職やそれに準ずる専門職性、専門性との関係や程度で論じられる。教職の「専門職」（profession）」（6項）指向は国際的趨勢であり、日本でも戦後初期、その観点から教育職員免許法（1949年）が制定された（玖村俊雄・文部省教職員養成課長『教育職員免許法同法施行法解説』学芸図書、1949年）。

教育制度の基本原理を定めた教育基本法（1947年制定、2006年改正）は、教職の「専門職」を文言で規定していないが、教員の「崇高な使命を深く自覚し、絶えず研究と修養に励み、その職責の遂行に努め」る義務、その身分の尊重、待遇の適正、養成と研修の充実を図る義務（9条2項）を明記しており、専門職にふさわしい地位を指向していることは明らかである。

これに基づき、教育公務員特例法は、「教育を通じて国民全体に奉仕する教育公務員の職務とその責任の特殊性に基づき、教育公務員の任免、給与、分限、懲戒、服務及び研修等について規定する。」（1条）、また、教育職員免許法は、「教育職員の免許に関する基準を定め、教育職員の資質の保持と向上を図ることを目的とする。」（1条）と定め、教師の身分保障、待遇、「大学における教員養成」や研修・修学など一連の教師の地位法制が成立している。教職の「専門職」指向は、「1

966年勧告」と国内法に共通している。

日本政府は「1966年勧告」採択以来、一貫してこれを軽視する姿勢であった。端的な例を挙げれば、文部科学省内の文部科学法令研究会監修『文部科学法令要覧（平成26年版）』（ぎょうせい、2013年1月）は全4334頁の膨大な法令集（380件収録）であるが、「1966年勧告」「1996年勧告」「1997年勧告」などは収録していない。民間の教育法令はほぼ例外なく収録しており極めて異例である。日本政府は「ユネスコ活動に関する法律」（1952年6月）を制定し「日本ユネスコ国内委員会」を組織し、ユネスコ憲章に従い活動してきたが、「1966年勧告」等の宣伝、実施はきわめて消極的である。中央教育審議会などの教育政策の審議でもそれは資料としても参考にされた形跡がない。

【全教のセアートへの異議申立てと勧告】 この姿勢は教育界、学界から批判され、教職員組合からも異議申立てが行われた。一例を挙げれば、全教（全日本教職員組合）のセアートへの異議申立て（2002年6月28日）である。申立ての趣旨は教員の指導力不足と新教員勤務評定の制度導入が「勧告」に反するというものである。

同委員会は、2008年11月21日、同年4月の来日調査を踏まえ、その検討結果の報告書（全43項、英文19頁、翻訳22頁）をまとめ、教育当局と教員団体の協議事項とする「勧告」の原則に抵触すると結論し、日本政府（文科省、教育委員会）と全教の対話を勧告した（4次。1次：03年12月、2次：06年1月、3次：07年5月）。しかし、政府は従来から「管理運営事項」を理由に両者の協議を拒み、専門家委員会の報告書を翻訳、通知しない態度をとっている。

また、全教は、２０１４年1月8日、同委員会に長時間労働と非正規教員問題が「勧告」に反するとして申立てを行い（「日本における「教員の労働問題」」、１０９項、15頁、英文16頁）、７月２日、ジュネーブで追加情報提出しＩＬＯへの要請を行った。同委員会は、２０１６年1月、文科省の情報提供などを受け、中間報告（全36項、英文、翻訳各16頁）をまとめ、日本政府と全教に対話とその結果の同委員会への報告を勧告した。

この例のように、「１９６６年勧告」は教員（教育職員）の地位に関する総合的な国際的基準として活用されているが、日本政府の場合、その履行に消極的であり、２０１８年5月までにその実施状況を社会権規約委員会に報告することは重要な国際的責務である。その構成は以下の通りである。

【ユネスコ・ＩＬＯ「教員の地位に関する勧告」の構成】 前文、Ⅰ定義（1項）、Ⅱ適用範囲（2項）、Ⅲ指導原則（3～9項）、Ⅳ教育の目標及び政策（10項a～l）、Ⅴ教員養成　選抜〔11～18項〕、教員養成課程〔19～24項〕、教員養成機関〔25～30項〕、Ⅵ教員の継続教育（31～37項）、Ⅶ雇用及び分限　教職への採用〔38～39項〕、昇進及び昇格〔40～44項〕、身分保障〔45～46項〕、職務上の非行に関する懲戒手続〔47～52項〕、健康診断〔53項〕、家庭責任を有する女子教員〔54～58項〕、パートタイム制の勤務〔59～60〕）、Ⅷ教員の権利及び義務　職業上の自由〔61～69項〕、教員の責務〔70～74項〕、教員と教育活動全般との関係〔75～78項〕、教員の権利〔79～84項〕）、Ⅸ効果的な教授及び学習の条件　学級の規模〔86項〕、補助教員〔87項〕、教具〔88項〕、勤務時間〔89～93項〕、年次有給休暇〔94項〕、研修休暇〔96項〕、特別休暇〔96～１００項〕、病気休暇及び出産休暇〔１０１～１

03項)、教員の交流(104~107項)、学校の建物(108~110項)、農村地域又はへき地の教員に対する特例(111~113項)、Ⅹ教員の給与(114~124項)、Ⅺ社会保障　一般規定(125~127項)、医療(128項)、疾病給付(129項)、業務災害給付(130~131項)、老齢給付(132~134項)廃疾給付(135~137項)、遺族給付(138、教員に社会保障を与える方法139~140項)、Ⅻ教員の不足(141~145項)、ⅩⅢ最終規定(146項)。

(2) ユネスコ「勧告」に基づく日本の教師の地位の実態と改善・改革の課題

以下、「1966年勧告」に照らし、主要な事項について日本の教師の地位の実態と改善・改革の課題を検討してみよう。○は勧告の事項、△は日本の実態、□は課題である。

①教育の指導原則・目的と教員の地位(2~10項)

○「Ⅲ指導原則」では、教育の目的を国際人権A規約13条(「勧告」直後の1966年12月採択)に準じ、人格の完成、共同社会の進歩、人権・基本的自由の尊敬、平和、国家間などの理解・寛容・友好への貢献を定め(3項)、教員の地位と教職への社会的尊敬(5項)、教職＝専門職の承認(6項)、教員の勤務条件の重視(8項)、教員団体の教育政策策定の参加(9項)を規定している。「Ⅳ教育の目標及び政策」では、教育機会の最大限の提供、経済的理由による差別の禁止、無償教育と貧しい生徒への物質的援助、教育政策決定における当局と諸団体の緊密な協力、教育予算の優先的確保(10項)を規定している。

△日本の法制や実態はこれらと乖離する場合が少なくない。例えば、現行の教育基本法は教育の

目標に「国を愛する態度」（愛国心）を定め、国家間などの友好を阻む排外的心情を助長するおそれがある。その他の問題については以下に検討する。

②教育政策の決定における当局と教員団体との緊密な協力（9項、10（k）項、75項）

勧告が規定する協議・参加・協力・交渉・合意・昇任事項は、以下の諸点にわたる。

○教員の継続教育（研修）（協議、32項）、採用（協力、38項）、昇格（協議、44項）、身分保障・懲戒（協議、45項、49項、51項）、教育課程・教科書・教具（参加、62項）、専門職基準の制定と教職活動（参加、71項、72項）、教育研究活動（参加、76項）、給与・労働条件（交渉、82項、83項）、労働時間（協議、89項）、給与表（合意、116項）、勤務評定（事前協議・承認、124項）。

△日本では当局が一方的に決定し、教職員組合の軽視・弱体化が政策的に行われた（日教組組織率：1958年85％～2016年23％）

□教育政策の立案、決定、実施、評価の各段階における教育当局と教員団体の協議を尊重し、教員勤務評定では事前協議・承認制とする。

③教育条件の改善（85項）

○学級規模の改善（86項）

△小中高校の国の学級編制基準は「40人学級」（上限が40人）であり、小中学校で1980年、高校で1993年に達成されて以来、改善されず、教職員定数の加配措置のみである。自治体はそれを利用して国基準以下の基準設定、それ以下の実施（ほとんどの都道府県が35人）に努めている。国際比較では学級規模（中学校、2015年）は日本32人、OECD平均23人（イギリス20人）。

□小中学校の国の学級編制基準を国公私立学校で、当面「35人」、近い将来「30人学級」となるよう計画的に改善する。

④給与・労働条件の改善（8項）

○非常勤教員の待遇改善と正規採用の増加（59〜60項）

△小中高の非正規・臨時教員は15・4万人（統計上の5月1日現在の「兼務教員」。「本務教員」との合計105・8万人の14・5％。統計以外の非正規教員は除外）。

□非正規・臨時教員の待遇を改善し正規採用をすすめる。

○支援職員の不足（87項）

○勤務時間の短縮（89項）

△文科省「教員勤務実態調査」（2016年10、11月）によれば、1日当たり「学内勤務時間」（持ち帰り時間含まない）は小学校11時間15分、中学校11時間32分であり、時間外勤務が毎日平均3時間以上、前回（2006年）調査より40分前後増加している。1週間当たり「学内勤務時間」が60時間以上は小学校33・5％、中学校57・6％を占め、それは月換算で〝過労死ライン〟（厚労省、1ヵ月80時間以上）を上回る。

全教「教職員要求・意識アンケート」（2017年）によれば、「身体がもたないかも知れない不安について」の設問に「感じる」との回答は78・1％にのぼる。

文科省「教職員人事行政調査」（毎年調査）によれば、3ヵ月以上長期休職者（2015年度7954人）で精神性疾患を理由とする者（同5009人）は2010年度以降約6割で推移している。

国際比較では総法定勤務時間（２０１５年）はＯＥＣＤ平均１６３４時間、日本１８９１時間、平均より２５７時間（1日8時間で32日）、１５・７％上回る。

□長時間過密労働の解決のため、教職員定数の抜本的改善、少人数学級（30〜35人以下）、授業時間上限規制（小学校20時間、中学校18時間、高校15時間）、時間外勤務の原則禁止と時間外勤務手当の支給、労働基準法・労働安全衛生法の遵守、競争・管理主義教育政策の転換、教職員の自主性、連帯・共同の重視、部活の勝利至上主義の改善と休養日確保などの実現をめざす。総法定勤務時間を１６００時間以下とする。

○社会的重要性と専門職にふさわしい給与（１１５項）

△教員人材確保法（１９７４年2月成立）は、「すぐれた人材を確保」（1条）するため教員給与の優遇措置（一般公務員より10％程度引き上げが目標）を定め、１９８０年度には一般公務員より７・４％引き上げられたが、その後、差異は縮小、消滅した（２０１２年度０・３％）。２０１５年４月の給与平均は、公立小中学校教員42・０万円（平均43・３歳）、一般行政職41・３万円（42・５歳）である。国際比較では初任給（中学校、２０１５年）は、ＯＥＣＤ平均３・２万ドル（同等の国力のドイツ６・１万ドル）、日本２・９万ドルである。

□小中高校の教員給与を、学歴、研修費等を考慮し、大幅（当面10％程度）に引き上げる。

○給与決定における教員団体との協議（１１６項）

△公立学校の教員給与は人事委員会の勧告で決定される。

□教員給与を政府・当局と教員団体との交渉で決定するしくみに改める。

○超過勤務手当の支給（118項）

△教員の時間外勤務手当が廃止され（1976年）、教職調整額（月給の4％）が支給されているが、それは時間外勤務の実態を反映せず、それを助長している。

□時間外勤務を減らし、労働基準法に基づき割増賃金・時間外勤務手当を支給する。

○勤務評定（124項）

△教職員の人事評価（地方公務員法23条の二、地方教育行政法44条。旧勤務評定〔地方公務員法40条、地方教育行政法46条〕）、指導不適切教員（地方教育行政法47条の2）の扱いは任命権者・教育委員会の権限であり、「管理運営事項」とされ、教員団体や教員との協議は要件とされず、人事評価は給与の処遇の基礎となる（2019年度）。これに対し、前述の通り、ILO・ユネスコ共同専門家委員会は「1966勧告」に違反するとして、政府・当局と教員団体との「対話」による解決を促した。

□同委員会の勧告に基づき、教員の人事評価や指導不適切教員の扱い、給与の処遇は、政府・当局と教員団体との協議・承認事項とすべきである。

⑤教員養成の給付奨学金・無償制と研修の無償制（16項、32項）

△教員養成大学・教職課程の学費・奨学金は、一般大学のそれと全く同じであり、教員研修の費用も有償である。

□すべての高等教育機関の学費を無償にするとともに、教職の重要性・困難性・責任性を考慮し、教員養成大学・教職課程の給付奨学金を拡充し、教員研修の費用を無償にする。

⑥専門職の確立、学問と教育の自由の保障、研究の重視（6項、26項、28項、35項、61項、63項、65項、76項、77項、88項、90項、106項、112項、115項）

この事項の日本の現状と課題は、以下の教員養成年限をのぞきX章で論述する。

△教員養成年限は、日本は4年が標準、国際的趨勢は6年である。教職の専門職性は軽視され、教育と研究の自由が統制されている。

□教員養成年限は4年を標準とし、教員の研究と教育の自由を保障する。

⑦教員の社会参加の奨励と市民的自由の保障（79〜81項）

△国公立学校教員の政治的行為は制限、禁止されている（地方公務員法36条）。

□国公立学校教員の政治的行為を保障する。

⑧教員の国際交流の重視（10項（j）、18項、36項、37項、104項、106項）

△教員の国際交流は軽視され、その公的支援が不十分である。

□教員の国際交流、留学、海外研修等を奨励し、公的支援を拡充する。

⑨教員以外の職員の地位の確立（2項）

「勧告」は「この勧告の適用上、「教員」という語は、学校において生徒の教育に責任をもつすべての人々をいう」（1項）と定義されている。「教育職は専門職」（6項）「学問の自由を享受」（61項）など、教員免許状を有する者やその職務について規定する特別な場合を除き、勧告はすべての「教員」に適用される。日本では一般に「教職員」といわれ、制度上の差異から教員と職員が区分されるが、「勧告」に即して教員以外の職員の地位があらためて検討される必要がある。

⑩保育園・幼稚園の保育士・教員・職員の地位の改善（2項）

「勧告」は「公立・私立とともに中等教育終了までの学校」、「保育園・幼稚園」を含む「学校のすべての教員に適用される」（2項）と明記している。従来、「勧告」は初等・中等教育の狭義の「学校」の教員に限定して論じられる傾向であったが、「2018年問題」を契機として就学前の保育園・幼稚園の保育士・教員・職員の地位があらためて検討される必要がある。

なお、教職員の地位改善の綱領的文書として全教・教職員権利憲章（95年5月制定、前文と10条で構成）が参考になる。

2　高等教育の教育職員の地位の改善

（1）ユネスコ「高等教育の教育職員の地位に関する勧告」の基本的性格と構成

ユネスコ「高等教育の教育職員の地位に関する勧告」(4)（1997年11月11日、ユネスコ第29回総会採択、前文と77項、付表、以下、「1997年勧告」）は、中等教育以下の教員の地位を対象とした「1966年勧告」から31年後に採択された。その基本的性格と構成を見ておこう。

前文では、国際人権A規約13条2（c）（高等教育無償条項）の「国家の責任」を強調し、「1966年勧告」を確認し、最後の「付表」掲載の国連関係条約・勧告（49点＝国連10点、ユネスコ8点、ILO28点、その他3点）で解釈を「補強」することを求めている。無償教育を前提とした教育職員の地位論であり、「1966年勧告」と「1997年勧告」の構成はほぼ同じで、教育職員の地位の改善課題が初等教育から高等教育まで共通であることを示している。

「定義」によれば、「高等教育機関」とは大学のほか中等教育後の認可された教育機関であり、「教育職員」とは教授、研究者のほか学生や地域社会に対する教育活動を行うすべての人である。

「指導原理」では、「市民」の育成（特に平和の教育）、新しい知識の追求とそのための共同、物質的基盤と学問の自由・協同・自治、教育職の「専門職」の公共的社会的責任、専門的業務にふさわしい労働条件、各国の制度の多様性の考慮、などがのべられている。

「1997年勧告」の翌年、1998年10月9日、ユネスコ高等教育世界会議で「**21世紀に向けての高等教育世界宣言―展望と行動―**」（全17条、以下、「1998宣言」）と「高等教育における変革と発展のための優先行動の枠組み」（全14項）が採択された。

「1998宣言」の前文は、国際人権規約や「1997勧告」などを踏まえた高等教育の理念である。それは、高等教育が人権・民主主義・持続可能な発展・平和の柱であり、21世紀の課題の解決の役割を担い、新たな千年紀に向けた平和のための知的共同体となり、公正な精神・科学的厳密性・創造性を重視し、グローバルな知識社会を主体的に担う学生の教育を関心事の中心に置くべきことなどをのべている。前文に続く各条では、高等教育の将来展望は「学生本位」であり、批判的思考力と連帯・共同を中核とする能動的市民の育成のため、高等教育機関の学生参加を軸とした徹底的改革が提起されている。

さらに、「1998年宣言」の成果を踏まえ、2009年7月8日、ユネスコ主催の2009年世界高等教育会議は「**社会の変化と発展をめざす高等教育と学術研究の新しい力**（コミュニケ）」（全52項）を発表した。その「高等教育の社会的責任」では、グローバルな課題に取り組むためのグローバルな知識の一般化が課題とされ、大学の自治と学問の自由のもとでの批判的思考力と活動的市民性、平和・人権・民主主義を尊重する倫理的市民の育成が重視されている。

高等教育の無償化は、その全面的公的負担を必要とするが、このようなグローバルな課題の解決を担う民主的市民の育成は、それにふさわしい成果をもたらす。そのような理念に基づく教育職員の地位の改善と高等教育の改革が、無償教育と一体的に求められている。

以下に検討する「1997年勧告」は、これら「1998年宣言」「2009年コミュニケ」の起点であり、国際人権A規約13条の発展として今日、今後に生かすにはこれらが参考となろう。「1997年勧告」は「1966年勧告」と同じく教育職員の地位に関する総合的な国際基準であり、日本のそれを考察し改善するうえで有益である。その構成は以下の通りである。

【ユネスコ「高等教育の教育職員の地位に関する勧告」の構成】 前文、Ⅰ定義（1a～f項）、Ⅱ適用範囲（2項）、Ⅲ指導原理（3、4、5、6、7、8、9項）、Ⅳ教育目的と教育政策（10、11、12、13、14、15、16項）、Ⅴ教育機関の権利・義務・責任（A教育機関の自治〔17、18、19、20、21項〕、B機関の公共責任〔22a～g、23、24項〕）、Ⅵ高等教育機関の教育職員の権利と自由（A個人の権利と自由〔25、26、27、28、29、30項〕、B自治と団体組織性〔31、32項〕）、Ⅶ高等教育機関の教育職員の義務と責任（33、34a～l、35、36項）、Ⅷ教職への準備（37、38、39項）、Ⅸ雇用の条件（A学術職への入職〔40、41、42、43a、b、44項〕、B雇用の保障〔45、46項〕、C評価〔47a～f項〕、D懲戒・解雇〔48、49、50、51項〕、E雇用条件の交渉〔52、53、54、55、56項〕、F給与・労働負担・社会保険給付・健康安全〔57、58a～f、60、61、62、63、64項〕、G研究休暇と年次休暇〔65、66、67、68、69項〕、H女性の高等教育教育職員の雇用条件〔70項〕、I障害をもつ高等教育教育職員の雇用条件〔71項〕、L非常勤の高等教育教育職員の雇用条件〔72a～c項〕〕、X活用と実施〔73、74、75、76項〕、XI最終規定〔77項〕

（2）ユネスコ「高等教育の教育職員の地位に関する勧告」に基づく改善・改革課題

国際人権A規約は13条のほか、高等教育の教育職員に関しては15条3項で「科学研究及び創作活動に不可欠な自由の尊重」を規定し、研究の自由を格別に重視している。以下、「1997年勧告」に照らし、主要な事項について日本の高等教育の教育職員の地位の実態と改善・改革の課題を検討してみよう(5)。◯は勧告の事項、△は日本の実態、□は課題である。

①高等教育の目的と政策（10～16項）

◯勧告は、高等教育の目的として、「国際平和と国際理解、国際協力ならびに持続可能な開発という普遍的な目的（中略）とりわけユネスコが規定する平和をめざす教育、平和の文化における教育」（3項）、「人間の発達（human development）および社会の進歩」「生涯学習の諸目標」（10項）を明示している。平和への寄与が高等教育の研究と教育の核心とされ、その目的達成のため教育職員の地位のあり方が総合的にのべられる。

△大学の平和教育が低調である。研究では近年、軍事研究への誘導政策が強化されている。防衛

省「安全保障技術研究推進制度」（2015年4月）の予算は2017年度に6億円から110億円へ18倍増となり、大学の軍民両用（デュアル・ユース）研究委託が急増している。

□軍事研究への誘導は中止し、平和のための研究、教育を発展させる。

②高等教育機関の自治、学問の自由の保障

勧告は、高等教育機関の学問の自由と自治をその存立の要として重視し、そのための教育職員の権利と義務を詳しく規定している。

○「教育、教授及び研究についての権利が学問の自由及び高等教育機関の自治（autonomy）の環境においてのみ十分に享受され得ること並びに研究結果、仮説及び意見を自由に交換することが高等教育の真髄であり、また、学問及び研究の的確さ及び客観性の最も強力な保障となることを考慮」する（前文）。

「高等教育、学問及び研究における進歩は、人的及び物質的な基盤及び資源、高等教育教員の資格及び専門知識並びに学問の自由、専門職としての責任、団体性及び機関としての自治に支えられた人的、教育的及び技術的な資質に大いに依存する」（5項）。

「自治は、学問の自由の組織的形態」（18項）。

「加盟国は、高等教育機関の自治に対するいかなる原因から生ずる脅威からも高等教育機関を保護する義務を負う。」（19項）

「学問の自由の維持、すなわち、押し付けられた学説によって束縛されることなく、教授し及び討論する自由、研究し並びにその成果を普及させ及び公表する自由、自己の勤務する機関又はその

制度について自己の意見を自由に表明する自由、機関による検閲からの自由並びに専門的又は代表的な学術団体に参加する自由に対する権利を有する。」（27項）

△最近の大学政策では、安倍政権の「教育再生」政策の拠点、「教育再生実行会議」（首相主宰）に中教審が従属し、法改正が行われ、国策的目標（特にグローバル化とイノベーション創出）のため「大学のガバナンス」改革（学長の権限強化が中心）が強要され、その誘導・統制手段として科学技術政策・防衛政策にリンクして大学財政が活用される。

戦後教育の根幹、大学の自治、学問の自由が「教育再生」政策により形骸化され、改正学校教育法（2015年4月1日施行）により、「教授会は、学長が次に掲げる事項について決定を行うにあたり意見を述べるもの」（93条）と権限が限定され（改正前の権限は重要事項審議）、改正国立大学法人法（同前）により、「学長の選考は（中略）学長選考会議が定める基準」による（12条7項）とされた（旧法は基準規定なく、学長選挙に教職員が参加）。

最近では、「人づくり革命」の施策として、低所得世帯の教育無償化と引き換えに大学の実務経験者の授業や外部理事の選任などの条件をつける提案が問題となっている。

□大学の自治の根幹である教授会の自治の保障、大学の代表である学長の全構成員による選出、大学財政の「支持して統制せず」の原則の徹底など、政府の大学改革・統制の方向転換が求められる。

③高等教育への優先的支出と高等教育機関の公共責任

勧告は、無償教育の実現など高等教育の役割にふさわしい優先的支出とそれに見合う高等教育機関の公共責任を詳細にのべている。

○「国際人権A規約13条2（c）の規定を達成するため、高等教育を与えることに対する国の責任」（前文）、「高等教育に対する財政支出は、その見返りの大半が政府の及び公的な優先事項に応じて必然的に長期的であるような一種の公共投資として取り扱われること。」（10項d）

○財政支出に見合う公共責任＝公開・広報、卓越性の追求と圧力への反対・擁護、学問の自由と基本的人権の支援、質の高い教育、生涯学習の機会提供、学生の公平・公正・差別のない処遇、女性・少数民族の公平な処遇、暴力・脅迫・嫌がらせの防止、経理公開、資源の活用、学問・言論の自由を守る声明・倫理綱領の作成、学術倫理・人権・平和に反する知識・科学・技術の防止、諸権利の実現、社会問題の取り組みと就職支援、国際的学術協力と対等の連携、図書館・情報の自由な利用、教育施設・設備の整備、平和・人権・持続可能な開発に合致した研究（22項）。

△OECD加盟国と比較して日本は教育予算の割合は最低、私費負担のそれは最高である。大学の公共的責任の主たる根拠は、経費の財政支出であるが、日本では8割の学生が通う私立大学の国庫補助金は1割以下であり、それが大学の公共的責任を希薄にしている。

□高等教育機関への公的支出を飛躍的に増大させ、その公共的責任を高めることが課題となる。

④高等教育の政策・運営の教育職員の参加・交渉・決定

勧告は、高等教育の政策・運営への教育職員の参加・交渉・決定の権利を重視している。

○「高等教育教員を代表する組織は、教育の発展に大いに貢献することができる力並びに第三者及びその他の利害関係を有する者と共に高等教育政策の決定に関与すべきとみなされ及び認められ

るべきである。」(8項)
「高等教育機関は、個別に又は共同して、機関の自治及び学問の自由を損なうことなく、責務の適当な制度(高等教育機関の目標を実現するための質的保証の仕組みを含む。)を立案し及び実施すべきである。」(24項)
「団体性の原則は(中略)内部の意思決定の仕組み及び実施におけるすべての関係者の参加」(32項)
「高等教育の教育職員は、結社の自由(中略)団体交渉」の権利が保障され(52項)、「交渉が決裂した場合」の「措置をとる権利を有するべきである」(55項)。
「(給与、労働条件、雇用条件については)高等教育の教育職員を代表する団体と彼等の雇用者との間の自発的交渉過程を通じて決定されなければならない。」(53項)。
△教育職員団体は大学政策決定過程から排除され、参加の慣習が無く、個別の大学等でも教育職員団体は一部を除き、総じて不在、弱体であり、大学運営から排除されている。
□教育職員団体を大学政策決定の当事者として処遇し、個別の大学等では大学運営の参加を保障することが課題である。
⑤**教育職員の雇用条件**(Ⅸ章40~72項)
○学術職の採用(40~44項)＝公平・無差別、適切な試用期間、公正な職能開発制度、公平・公正な労働制度、迫害への連帯と犠牲者の保護。
○雇用の保障(45、46項)＝終身在職権の保障、財政的理由による解雇の条件。

○評価（47項）＝業績評価・査定の必要性、学術的能力基準による評価、個人能力の測定の考慮、学生・同僚・管理者の査定の客観性と本人開示、教職員の配置・雇用更新時の考慮、不当な査定の異議申立て。

○懲戒・解雇（48、49項）＝懲戒処分の条件（独立第三者機関の意見聴取、仲裁機関・裁判所での公正な理由）、公正な保護、解雇の条件（恒常的怠慢、総合的不適格、研究成果の偽造、重大な財政上の不法行為、セクハラ・パワハラなど職務上の行為の正当な理由）、異議申立ての権利。

○サバティカル（長期有給研修休暇）（65〜68項）＝研究休暇（定期的間隔、給与全額・一部支給）、年金加算、臨時休暇、外国技術援助休暇、年次有給休暇。

○女性職員（70項）

○障害者職員（71項）

○非常勤職員（72a〜c項）＝有資格勤務の評価、常勤職員相当の報酬・雇用条件・休暇、社会保障。

△教育職員の地位の問題は山積しているが、当面は非正規雇用問題である。

博士課程卒業者は、恒常的な就職難に見舞われ、ポスドク（ポスト・ドクター、任期制博士研究員）も難関であり、約半数は身分の不安定な非常勤講師などの非正規雇用である。しかも、多くは多額の貸与・有利子奨学金を借り、就職難・低収入のもとでその返済は困難を極め、貧困を加速させている。１９９０年度に「大学院重点化」、博士課程入学1万人計画がスタートしたが、就職保障が伴わず、加えて２００４年度から研究職の奨学金返還免除制度の廃止により、卒業者のその負債や高齢化で事態は悪化の一途をたどっている。それは、人権問題であるとともに、日本の高等教育、学術研究・基礎研究の発展を揺るがす大問題である。

他方では、大学運営交付金、私立大学補助金の抑制のもとで非常勤教職員の割合が増加し、大学教育の質を低下させている。非常勤教員で「兼務者」（非常勤講師等、2016年5月）は大学で19・6万人、「本務教員」18・4万人の1・1倍、教員総数の51・2％であり、短期大学では1・8万人、「本務教員」0・8万人の2・2倍、教員総数の69・0％を占める。

公費の抑制・削減、18歳人口減に伴う大学の臨時定員増の解消、入学定員不足などを背景に今後の教職員の解雇や非正規化の傾向は避けられない。

□高等教育の教育職員の地位改善では、博士課程卒業者の就職保障、身分保障、待遇の適正化は喫緊の課題であり、高等教育予算、交付金・補助金の飛躍的増額を基本に、必要な正規教職員の確保、非正規教職員の待遇改善、正規採用化、無期雇用転換などが必要である。

当面、①労働契約法改正（2012年）の「5年無期転換ルール」による継続雇用者の2018年4月以降の無期雇用への転換、②労働者派遣法改正（2015年）による3年期限（2018年9月）後の雇用継続が課題となる。

⑥学生の役割と地位

「1997年勧告」は、教育職員の地位に関する勧告であるが、学生の役割や地位にも言及している。

○「政府及び学生、産業界、労働者等の重要な社会的集団が高等教育制度の便益及び所産に極めて高い関心を有し並びにその恩恵を受けている」（前文）、「高等教育は、人間の発達及び社会の進歩に向けられる」（10項（a））、「学生の学術的著作を尊重し及び認めること」（34項（e））、「同僚の教員及び学生について専門的な評価の提示を行う場合には、公平かつ公正であること」（同（j））

その翌年に採択された「1998年宣言」は、「1997年勧告」と一体のユネスコ高等教育政策の表明であり、そこでは前述のように学生の役割や地位の重要性が強調されている。

△日本の高等教育政策では学生の役割や地位の観点が欠落し、個々の大学等でも学生自治会はほとんど不在であり、自治・参加の主体ではない。

□勧告を踏まえ、政府も学校も学生の役割や地位の重要性を確認し、学生自治・参加を尊重した運営や活動へと転換すべきである。

第10章　学校制度の発展

1　国連の委員会による日本の教育に関する勧告と政府・民間の対応

(1)　社会権規約委員会

国際人権A規約13条1項は、「教育についてのすべての権利」と権利の内実として教育の目標を定めている。要約すれば、①人格の完成・尊厳、②人権・基本的自由の尊重、③社会参加、④諸国民などの理解・寛容・友好の促進、⑤平和の維持の5つである。2項は、「1の権利の完全な達成」の課題のひとつに「すべての段階にわたる学校制度の発展を積極的に追求する」(同項(e))をあげている。

13条の解釈基準である社会権規約委員会「一般的意見13」は、この点を次のようにのべている。49パラグラフ—「あらゆる段階の教育制度の教育課程(curriculum)が第13条1項に挙げられた目標を指向することを確保するよう求められる(中略)教育目標を指向しているかどうかを監視(monitor)する、透明かつ効果的なシステムを確立し維持する義務もある。」59パラグラフ—「第

13条の違反にはつぎのようなものが含まれる。（中略）第13条1項に掲げられた教育目標と一致しない教育課程を用いないこと。第13条1項との適合を監視する透明かつ効果的なシステムを維持しないこと。」

このように1項の教育目標に適合する教育課程行政が、学校制度の発展の根幹として重視されている。そこで問われるのは、狭義の教育課程―学習指導要領やそれに基づく検定教科書・授業にとどまらず、人格の完成・尊厳、人権・基本的自由、社会参加、諸集団との友好、平和の教育と密接に関係する生活指導など学校教育活動の総体の改善と透明で実効性のある「監視システムの確立」であり、それが政府の義務とされている。

（2）子どもの権利委員会

関連して、同じ国連の委員会である子どもの権利委員会は、子どもの権利条約に関する「第3回定期報告に対する最終見解：日本」（2010年6月20日）で広範な問題を指摘し、日本の教育について懸念を表明し、改善を勧告している。例えば、

70パラグラフ（以下、「パラ」）：「高度に競争的な学校環境が（中略）いじめ、精神障害、不登校、中途退学、自殺を助長している可能性があることを懸念する。」

71パラ：「極端に競争的な環境による悪影響を回避することを目的とし、学校及び教育制度を見直すことを勧告する。」「同級生の間でのいじめと闘う努力を強化し、及びそのような措置の策定に児童の視点を反映させるよう勧告する。」

（72、73パラ：外国人学校に対する補助金の不十分さと増額。第8章で検討）

74パラ：「日本の歴史教科書が、歴史的事件に関して日本の解釈のみを反映しているため、地域の他国の児童との相互理解を強化していないとの情報を懸念する。」

75パラ：「公的に検定されている教科書が、アジア太平洋地域の歴史的事件に関して、バランスのとれた視点を反映することを確保するよう勧告する。」

日本政府は、2017年6月（期限2016年5月）、「児童の権利に関する条約第4・5回日本政府報告」を発表し、随所でこの最終見解に反論している。例えば――

70パラに対し「客観的な根拠を明らかにされたい」（123パラ）、70、71パラの「いじめ」問題」に対し「いじめ防止対策推進法」により「取り組みを進めている」（124パラ）、74、75パラに対し「懸念はあたらない」「近隣諸国をはじめ諸外国との相互理解、相互信頼の促進に努めている。」（128パラ）、「2006年教育基本法を改正した。（中略）条約第29条第1項に掲げる方向性と合致」（130パラ）。

この政府報告に対し諸団体が批判している。例えば、以下の通りである。

① **「第4・5回政府報告に関する日本弁護士連合会の報告書」**（2017年9月15日、全43頁）

政府報告123パラに対し――「高校段階の進学校と非進学校への階層化」、中学校の「進学競争の低年齢化」、「中高一貫校の設置が拡大し、前回の報告時よりも受験競争が低年齢化」「全国学力調査（中略）2013年からは悉皆《しっかい》調査に戻され（中略）学校間競争が激化」「教育現場が点数競争

に駆り立てられている」（86～89パラ）

１２４パラに対し―「競争の場での競争主義・管理主義という子どもにとってストレスフルな環境への対応に触れておらず、いじめの基本的な環境要因が改善されていない。」（91パラ）、「こうしたことの結果、いじめ防止対策推進法施行後もいじめの件数に減少は見られず、いじめ自殺も相次いでいる。」（93パラ）

同１２８パラに対し―「歴史教科書等から、日中戦争時の南京虐殺における中国人虐殺の被害者数の具体的な記述が削除され、従軍慰安婦問題や領土問題等の近隣諸国との対立が見られる事柄について政府見解と異なる見解の記述の割合が削減された。」（95パラ）

同１３０パラに対し―「改正教育基本法は（中略）愛国心教育など子どもの内面に関する教育を可能とするものとなった。（中略）法律を通して教育の自主性・自律性への侵害が懸念される。」（96パラ）

② 子どもの権利条約市民・NGO報告書をつくる会「日本における子ども期の貧困化―新自由主義と新国家主義のもとで」（２０１８年3月18日、全２３７頁）。

同会は、２０１４年6月に結成され、子どもの権利条約の実現の措置とその進展に関する政府報告（44条）に対応する代替報告書を作成し、子どもの権利委員会の政府報告に対する最終見解の普及・実現の活動を目的としている。

同報告書は、８部39章、各章の内容は政府報告批判、現状分析、結論（子どもの権利委員会への提案）で構成され、論述される事項は以下の通りである。—新自由主義・新国家主義（1章）、競争主義（2章）、政府の政策（3章）、国内法改正（4章）、資源配分（5章）、企業化（6章）、子どもの貧困（7章）、在日朝鮮人差別（8章）、性差別（9章）、施設・設備基準（10章）、職員定数と労働条件（11章）、警察対応（12章）、福島原発（13章）、子どもの意見の尊重（14章）、18歳選挙権（15章）、体罰と懲戒（16章）、ゼロトレランス（17章）、家庭支援（18章）、子ども虐待（19章）、児童相談（20章）、社会的養護（21章）、自殺（22章）、発達障害（23章）、子どもの健康（24章）、障害児（25章）、保育（26章）、学童保育（27章）、性教育（28章）、教育目的（29章）、新学テ体制（30章）、教科書検定・採択（31章）、子どもの良心（32章）、中等・高等教育の無償性（33章）、不登校（34章）、いじめ（35章）、余暇・遊び・文化（36章）、少年司法（37章）、性の商品化（38章）、沖縄の子どもの権利（39章）。

31章（教科書検定・採択）では教科書制度が批判されている。—教科書検定は「『教科書国定』に近似」し、「国の見解とは異なる見解を『削る』検定であり、同時に国の見解を『書かせる』検定となっている」。教科用図書検定基準（2014年1月）は「政府の統一的な見解に基づいて記述がされていること」としている。教科用図書検定調査審議会や教科書調査官は文科大臣の任命である。中国・韓国等の記述では「日本政府の見解を反映した教科書検定が強権的に行われている」。「結論」では「教科書検定制度を廃止（中略）『政府から完全に独立した委員会』を設置」、「教科書採択地区制度を廃止して学校採択制度にする」などが提案されている。

2 学校制度の発展と日本の教育の課題

(1) 学校制度の基本的問題

国連の委員会による日本の教育に関する指摘・要求・勧告に照らし、日本の教育に幾多の問題・課題が浮かび上がる。日弁連や「子どもの権利条約市民・NGO報告書をつくる会」の意見はその例である。国際人権A規約13条が規定する締約国の義務のうち無償教育の実現、奨学金制度の充実、教育職員の物質的条件の改善についてはすでに論述したので、ここでは、「学校制度の発展」を中心に考察する。

学校制度の発展の理念である13条1項の教育目標は、公教育の国際条理としてもひろく合意できる内容であろう。それは、人格の完成・尊厳、人権と基本的自由の尊重、社会参加、諸国民との理解、寛容、友好、平和の維持である。もちろん、各国がそれぞれの文化や伝統に則した教育目標を掲げることを妨げるものではないが、13条のそれと抵触することは禁じられる。それは、大戦の惨害への反省から生まれた戦後教育の各国共通の指導理念であり、国際社会が協調し、誠実に遵守するのは当然のことである。

はじめに日本の学校制度の問題点を包括的に指摘してみよう(1)。

総じて、今日の日本の学校では、第二次大戦の惨害への反省から生まれた戦後教育と国際法規の真髄である「個人の尊厳」「人間の尊厳」―子ども一人ひとりを人間として大切にする理念―が形骸化し、13条の教育目標の核心―「人格の完成・尊厳」が風化している。

無償教育条項の無視・軽視により公教育の国際的潮流から遅れ、一人ひとりにゆきとどいた教育を行う条件が劣化している。ＯＥＣＤ平均との比較では、教育予算は最低（0・68倍）、世界一の高学費（私費1・89倍）、給付奨学金不在（２０１７年度まで。存在する国32カ国、平均59・2％）、過大学級（中学校1・38倍）、教師の長時間労働（1・15倍）、子どもの相対的貧困（16・0％、ワースト4）など教育条件の落差が顕著である。

諸外国では教育政策の決定は、政府・当局と教員団体との協議により決定するのが常識（ユネスコ「教師の地位に関する勧告」）であるが、日本では国・当局が独断的に決定し、教員団体を代表する教職員組合は敵視、分断・弱体化の対象であった（日教組組織率：１９５８〜２０１７年に94・3〜22・9％）。

それと関連し、教育内容への国家の関与・統制も異常・過剰である。国の教育課程基準の法定（学習指導要領告示）、それに基づく「国定」といわれる教科書検定、行政が教科書を選び、学校・教員単位の採択を認めない（小中学校。高校は学校単位の採択）など主要国では類例をみない。教育目標を法定し、「我が国と郷土を愛する」（教育基本法、学校教育法、学習指導要領）、「日本人の育成」「日本人としての自覚」（学習指導要領）など「愛国心」教育体制のもとで、侵略戦争を美化する教科書の採択数急増、戦前の修身科を彷彿とさせる「特別の教科　道徳」の新設や教育勅語の容認などが相次ぎ、諸外国との友好や平和の教育を妨げている。

今後10年の日本の教育を全面的に方向づける最近の教育課程・教員政策では、国定「資質・能力」を育成する教育課程改訂、それを担う教師の「資質能力」統制のため国定「教員育成指標」に基づく教員養成・採用・研修管理が推進されている。

教育目標は、「人材の育成」（文部科学省設置法3条〔文科省の任務規定〕、学生支援機構法3条〔機構の目的〕）と法律に規定され、国家・国策に従順な国民や経済競争を担う「人材」を仕上げる手段とされている。国連・子どもの権利委員会の勧告（2010年6月）をまつまでもなく、日本の「極度の競争教育」は国際社会では異常である。欧米では学習塾や予備校がない国が大勢である。

その温床は、世界に類例のない有償教育の肥大化である。過重な教育費負担、学費が高額な私立学校が高校で3割、大学では8割を占め、学区が拡大・消滅している事態のもとで、学費が相対的に安い国公立学校への入学をめざす進学競争が、子どもの幼少期から家庭、学校、塾・予備校まで巻き込んで際限なく激化している。

教育条件の停滞、教育の管理統制、競争主義のもとで、平和で民主的な社会の形成者、主権者の育成は困難を極め、子どもの権利や「人格の完成」は軽視され、押しつけ道徳教育、詰め込み授業、能力主義、学力・進学競争、学習塾依存、教員の待遇悪化、管理強化や多忙化・健康破壊、父母の学校参加の低調などが常態化している。

在学中又は卒業後間もない若者の意識は、学校制度の長短をリアルに反映し、国際比較で特徴が浮かび上がる(2)。そこで内閣府「我が国と諸外国の若者の意識に関する調査」（2013年度。日本と諸外国6カ国〔韓国、アメリカ、イギリス、ドイツ、フランス、スウェーデン〕、13〜29歳までの男女、回答約1000人）から差異が目立つ項目に注目してみよう。——①自己肯定感（「自分自身に満足している」）は日本45・8％、6カ国平均79・8％（例：アメリカ86・0％）、②意欲（「うまくいくかわからないことにも意欲的に取り組む」）各52・2％、77・3％（フランス86・1％）、③心の状態（1週間のうち「ゆううつだと感じた」）各77・9％、44・6％（ドイツ36・9％）、④将来のイメージ（「自分の将来に明るい希望を持っていますか」）各61・6％、87・3％（スウェーデン90・8％）、⑤友人（「友人との関係には安心感を感じていますか」）各62・2％、77・4％（韓国78・0％）

学校制度のゆがみは、子どものストレスや欲求不満、自己肯定感・幸福感の低さ、非行、荒れや学級崩壊、いじめ、懲戒・体罰・虐待への恐れ、学習意欲の減退、不登校、退学、うつ症状、ネット依存、乳幼児・学童保育の不備欠陥、家庭・地域の教育力の衰退など、子どもの発達を根柢から脅かし、学校には深刻な問題が噴出、山積している。教育の質の低下、子育ての困難が、子を産み育てる若い世代の意欲を奪い、〝世界一の少子化〟、労働力人口縮小など国の長期停滞・衰退の根本要因となっている。教育政策の国際的逸脱が教育と社会の疲弊・荒廃を助長してきた。

日本の教育の構造的転換のためには、規約13条の掲げる権利としての教育目標を生かし、無償教育、奨学金制度、教育職員の物質的条件の改善と一体的に「学校制度の発展」（2項（d））を目指すことが必要であり、それは日本の教育と社会を蘇生させる切迫した課題である。そのために教育改革が総合的に論じられるべきだが、ここでは二つの問題に限り検討してみよう。

（2）学区制度と入学試験制度

日本の「極度の競争教育」の改善が急務である。諸調査では日本の子どもの娯楽・休息時間、自己肯定感、幸福感などが際だって低い。それは子ども・青年期の競争を過度に助長する学校制度に由来し、特に学区制のゆがみとそれと一体の入学試験制度がその温床になっている。あらためて学区の意義を考えてみよう。

「学区」（通学区域）は教育の基礎単位であり、人間の本性を形成した共同体の人類史的な伝統を引き継ぐ人間教育の基盤である。子ども・青年は、学区で地域の人たちと交流し、育ち、育てられるなかで、人の気持ちを理解し、多様な影響を受けて全面的に発達し、地域への教養、愛着、責任を身につけ、人間らしい人格を形成する。

しかし、公教育、学校制度のゆがんだ発展、特に有償教育の肥大化や学区の拡大・崩壊、それに伴う受験競争の激化の過程で学区は衰退、崩壊し、「極度の競争教育」が一般化する。子どもたちは、学区拡大、学校格差拡大、学校選択の自由拡大の「三つの拡大」のもとで、早くからランクの高い学校への進学をめざして競争教育に駆り立てられ、人間的発達、人格形成が損なわれ、犠牲になる。こうして育った青年が社会の「エリート」に浮上すれば、その〝公害〟は計り知れない。

それでは、学区を蘇生させるにはどうすればよいか。

小中学校では、年齢的に通学範囲は狭くなるのは当然であり、楽に通える学区制を堅持し、学校選択の自由を制限し、それを助長する小中一貫学校は設置せず、私立学校は地域の子どもの優先入学など地域との連携を重視する（「市民立」「地域立」）。

高校は小学区制（中学校から1高校に通学する制度）、入学は無試験または評価試験（入学後の参考のための評価）・資格試験（入学後の指導のための能力の最低基準の判定）とし選抜試験を行わない。将来はすべての学校が中高一貫学校（6年制中等学校）になることを展望する。なお、小中一貫学校は、少年期と青年期を同一学校で教育するという発達段階の無理を考慮し、制度化しない。

大学は地域ブロック制（全国13）を原則、入学は無試験または資格試験（ブロック単位）とし、ブロック内の転学は自由とする。国公私立大学が、入学定員、入試方法、専門分野などブロックごとに計画・調整・連携する。

以上の高校・大学の学区制・入学試験制度は、欧米では一般的であり、国際的趨勢に合致する。

（3）教育課程制度

社会権規約委員会の「一般的意見13」は、締約国に規約13条1項の教育目標に違反しない教育課程・教科書等の監視システムの整備を義務づけている。また、「教師の地位に関する勧告」も前述（Ⅷ章）のように教職の専門職の確立、学問と教育の自由の保障、研究の重視（6項、26項、28項、35項、61項、63項、65項、76項、77項、88項、90項、106項、112項、115項）を定めている。これらの観点から、日本の教育課程行政の課題をあげてみよう。

①教育課程行政組織

「教育課程・教科書等の監視システムの整備」のため政府から独立した「教育課程委員会」（仮称、委員は学術会議・学会・教員団体・父母団体などの推薦制、国会の同意を要件）の設置。

その権限は、学習指導要領（試案）の作成、教科書の調査、学校教育活動に関する地方自治体に対する専門的指導助言、その他必要な事項とする。

②学習指導要領

法的性格は「試案」とし、拘束力のない助言指導文書とする。内容の編集要素は、国民民的共通教養、人類普遍的価値（国連憲章7原則など）、学問の成果と教師の意見の尊重、社会とのつながり、総合学習の促進、地域カリキュラムの比率配分、人権・個性の尊重、利用・指導の自由、必修と選択の区分、情報の活用などを考慮する。

③教科書

教科書検定制度を廃止し「教育課程委員会」による教科書調査制度を創設する。発行は民間出版会社とし、共通の編集基準を設ける。展示は教科書調査を経たものを教育委員会が行い、調査の際、付された意見も公開する。

採択は学校単位とし、教職員の協議、保護者・住民の参加、生徒の意見表明などを経て決定する。

教科書の使用、不使用は教師の判断に委ねる。

④学校教育活動

教育行政の学校教育活動への関与は教育条件整備と専門的助言指導に限り、学校の自治、教師の学問・教育の自由、創意工夫を最大限尊重する。学校行事の国歌・国旗の扱いは学校の判断に委ねる。

⑤教育行政

文部科学省の権限は、全国的な最低基準の設定、教育財政の充実、教育条件整備、専門的・技術的指導助言などに限り、教育行政の地方自治、教育団体との協議を尊重し、教育への不当な支配を禁止する。

教育委員会は公選制とし、その事務を統括する教育長は教育長免許状（教育行政の専門的知見を証明する証書）の所有を要件とする。教員団体との協議を尊重し、重要な教育政策は教員団体との協議で決定する。地域の大学その他の高等教育機関・社会教育機関とも連携し、住民の生涯学習の無償制を実現する。

以上のように、学校制度の発展とは、無償教育を基礎に教育の平等が保障され、「人材」育成に偏向した日本の学校を国家の縛りから解放し、子どもや教職員が存分に能力が発揮できる自由で共同の学びの場に変え、人格の完成と尊厳を基軸に人類普遍的な教育目標が生かされる方向といえよう。

第11章　無償教育の展望と財源

1　財源見通しと財政破綻の危機

すべての段階の無償教育を実現し、ゆきとどいた教育の条件を整備確立するには明確な目標と財源確保の見通しが必要である。

当面の目標は、与野党が一致し、政府も目標とするOECD平均なみ教育予算（公財政教育支出の対GDP比）である(1)。それを実現すれば、5・9兆円増額となり（2014年GDP489・6兆円×1・2%［OECD平均4・4―日本3・2%、前掲「図表でみる教育―OECDインディケータ2017年」］）、幼稚園〜大学の教育無償化の所要経費約4兆円（自民党試算4・1兆円）が確保され、残余の約2兆円で給付奨学金拡充、30人学級、非正規雇用解消などが可能であり、ようやく欧米並み教育条件に接近する。その上で、教育予算をさらに増大させ、世界に模範的な無償教育社会を展望することである。

財源は、当面、大企業・富裕層の累進課税強化である。大企業の内部留保（資本金10億円以上の法人企業の利益剰余金、2017年1〜3月、前年同期374・2兆円比7・0%増=26・2兆円増）4

00・4兆円の1・0%＝4兆円、個人金融資産（2017年1〜3月）1809兆円の0・1%＝1・8兆円の合計で5・8兆円である。法人税減税や大企業優遇税制の温存により、大企業の内部留保はいまや400兆円を超えている。大企業に担税力はあり、行き過ぎた減税を見直すことは当然である。革命的な予算増による無償教育・教育条件整備の飛躍的前進は、貧困・格差の根本的解決のほか、次世代の豊かな成長、家庭・人生のゆとりの回復、少子化の解決、労働生産人口の増加、労働能力の向上・更新など、産業界、大企業や富裕層を含め危機に瀕した日本社会の未来を拓くことはまちがいない。

【財政再建への貢献として】 現実を直視すれば、5章4にみたように国の財政は破綻の危険水域にあり、国の借金（政府総債務残高）は2017年度1311兆円、GDP比236%、世界185カ国で最悪であり、無償教育社会を支える財源の確保は容易でない(2)。

顧みれば、この財政危機の一因は積年の失政、有償教育の肥大化であった。教育への財政支出削減、教育費負担膨張、教育競争激化、少子化加速、生産人口縮小、税収減少、膨大な借金財政の悪循環である。

そこで緊急に必要なのは、教育費抑制論との訣別である。財務当局は少子化を財制危機の論拠とするが、世界一の少子化は世界一の教育費負担の所産であり、これを放置すれば少子化がますます加速し、国力が衰退する。無償教育を即時全面的に実施する以外に少子化、ひいては財政崩壊の歯止めはかからない。

本書の「はじめに」で強調したように（9ページ）、無償教育は、少子化を解決し、教育費負担で圧迫された家計消費、内需を拡大して、人間的な経済活動を促進するなど、経済発展の「ブレーキ」ではなく、「アクセル」となる。大企業・富裕層への課税強化で当面の財源を確保しつつ、無償教育、社会保障充実、若い世代の雇用の正規化など、国民生活を応援する政治に転換するなら、日本経済を安定した成長軌道に乗せて、国の税収の着実な増加を図ることができる。それこそ財政危機打開への道である。無償教育は、財政の圧迫要因ではなく、社会進歩と経済成長を促進し、財政再建に貢献する。

2　無償教育社会実現の財政政策

財務省サイドの消費税増税案（30％70兆円増収。40～60％案も紹介）は、日本の財政再建論であり、理論的には欧米との比較による租税の「直間比率見直し」論（直接税・間接税の比率の変更、間接税拡大）によるが、今、国論を二分する財政論議は不毛である。将来不安が国全体を覆う現在、子ども・若者、低所得者、学費なども直撃する大幅消費税引き上げが消費低迷、景気後退、税収減収に直結することは明白である。すでに実質賃金は、２０００～２０１７年の17年間、低下の一途を辿っている。

社会保障費は年々膨張するが、その抑制削減は高齢者の消費意欲を削ぎ生活・健康・福祉を脅かすなど犠牲が大きく社会の活力を衰退させる。「団塊」とそれ以前の世代は「大学難民」世代であり、潜在する学習要求に応え多様な無償教育の機会をひろげ、その成果が社会に還元され利益を受ける無償教育社会の実現こそ、高齢者の社会への貢献に報い、未来の発展に生かす道である。次世代と高齢者世代を対立させ、社会保障費を削って教育費に充てる発想はとるべきではない。

また、無償教育の優先順位を幼児教育におき、高等教育を限定、後回しにすることは少子化対策として効果は少ない。諸調査に見られるように（5章(4)）、少子化の主因は高等教育の高額な費用であり、その解決こそ根本的課題である。

政府は「証拠に基づく政策」（EBPM＝Evidence Based Policy Making）を閣議決定（17年5月）し、予算編成では教育学的に怪しい「証拠」として「学力」を過大視し、財政支出の効率化、抑制削減の根拠にし、主要国最悪の教育予算や学費の国際比較データなど誰にも明白な証拠は恣意的に無視される。教育の効率至上主義は、教育の際限ない統制と競争を助長し、教育を根底から歪め破壊し少子化を加速する。「教育経済学」ならば経済のための教育不在経済学ではなく、教育のための経済学でなければならない。

数年来の「アベノミクス」（規制緩和、財政出動、経済成長）の破綻は実質賃金の低下により証明ずみであり、1日も早い訣別が急がれる。

防衛予算は2015年度、戦後初めて5兆円を突破し5兆41億円、18年度は5兆1911億円と急増しているが、大幅に削減し平和の基礎、教育費に充てるべきである。

無償教育財源は、当面、大企業と富裕層の累進課税強化が基本であるが、高等教育の無償化に伴う世帯収入に応じた幅広い累進課税強化が必要であり、それでも足りない経費を補うための特別財源――「教育税」「教育基金」「教育国債」などが国の総力をあげて本格的に検討される必要がある。

それと併せて、教育と財政の関係を科学的に研究し、教育の財政措置が真に生かされる制度・運営や実践を探求する研究機構、「教育財政学研究所」（仮称）の創設が求められる。

無償教育社会は浪費的社会ではなく生産的社会である。無償教育社会は、若い世代が結婚・出産しやすい環境をととのえ、出生数の増加を促し、すべての人の能力の可能性を最大限引き出し、有償教育のもとで節約、禁欲されてきた消費意欲が解放され、家計の内需が爆発的に拡大するなど、経済の持続的発展の土台となる。無償教育は、有償教育のもとでの利潤本位の経済を奉仕的利他的な人間本位の経済に質的に転換させる。

おわりに――「教育再生」政策と教育共同戦線

1 「教育再生」政策の推進

国際人権A規約13条・「2018年問題」を契機に、日本の教育の現状と課題を考察した。その惨状を直視すると、安上がり教育政策、国際的潮流からの逸脱と鎖国的独善、時代錯誤など反省すべき点が少なくない。今日の教育の現状は、さまざまな社会的背景・要因の複合であり、そのすべてを政府・与党に責任転嫁することはできない。しかし、戦後初期を除き、日本国憲法・国際法と「戦後教育」体制に挑戦し続けた自民党長期政権の「教育再生」に集約される教育政策の歴史的所産であることは否定できず、党派を超え、国民総がかりでその厳密な検証、反省、責任の追及が求められるのは当然のことである。

2016年7月参議院選挙に続く2017年10月総選挙で自民党など改憲勢力が議席の3分の2を超え、2020年施行に向け2018年は「憲法改正」が最大の政治の争点となっている。憲法と教育基本法施行70年の2017年を節目に、安倍政権は、「戦後レジームからの脱却」の二大柱として「憲法改正」とともに「戦後教育」体制の解体をめざす「教育再生」の「実行」を掲げ、内閣の「最大の課題のひとつ」（2013年1月、教育再生実行会議の閣議決定）として全力を傾注してきた。これに対し、改憲や安全保障関連法（「戦争法」）の反対運動とともに、「教育再生」への警戒・批判・反対が広がり、「戦争する国づくり」と表裏一体の「戦争する人づくり」への危機感が教育界を覆っている(1)。

「教育再生」政策は、その名に反し、教育の深刻な事態をさらに悪化させ、教育の疲弊・荒廃を加速し、戦前教育の過誤への反省から形成され、憲法と同様の世界史的記念碑、未来を拓く可能性をはらんだ「戦後教育」にトドメを刺すことになりかねない。

「教育再生」の手法は上意下達の強権的推進体制の構築である。与党絶対多数を背景に、自民党・教育再生実行本部提言、首相直属の「教育再生実行会議」（閣僚は安倍晋三首相・菅義偉官房長官・下村博文〔発足時〕文相、有識者18人、3分科会構成）の提言を中教審や有識者会議が具体化し、法令改正や行政措置により天下り的に実施し、提言フォローアップ会合（3閣僚と第8次提言までの有識者）が実行をチェックする。教育行政の専門性・公平性・独立性を保障すべき審議会等は政権の御用機関、教育委員会や学校はその下請けとなり、「教育再生」が末端まで浸透する体制である。

例えば、今後10年の日本の教育を全面的に方向づける最近の教育課程・教員政策では以下の通りである。

◯2015年5月14日：自民党・教育再生実行本部7次提言「これからの時代に求められる資質・能力と、それを培う教育、教師のあり方」

アクティブ・ラーニング、ICT、国の教員資質能力の明示、優れた教師が大学の養成に携わる、育成指標の明確化、育成支援の協議の仕組み、育成指標を踏まえた教員採用、チーム学校、社会人の積極採用、教師インターン制、教職大学院で優れた教師が指導に当たり、同大学院のプログラムを教育委員会の研修の代替とする、管理職登用に学位取得奨励、国は「全国的な教員研修・支援のハブ機能を整備」し「教師教育全体の体系化」、国・自治体が「教師の育成指標に基づく研修指針等を策定」、若手教師のメンター制度、育成指標に基づき国が「体系的、総合的に支援」、教員採用選考の国・自治体の「共同試験」。

○2015年8月26日：中教審・教育課程特別部会「論点整理」（全52頁）と補足資料（約250頁）。

○2015年12月21日：中教審「これからの学校教育を担う教員の資質能力の向上について―学び合い、高め合う教員育成コミュニティの構築に向けて―（答申）」

○2016年12月21日：中教審「幼稚園、小学校、中学校、高等学校等及び特別支援学校の学習指導要領の改善及び必要な方策等について（答申）」

これに基づき教育公務員特例法・教育職員免許法の改正（2017年度施行）、学習指導要領の改訂（小中学校は2017年3月、高校は2018年3月）が行われた。

今後5年間、教育政策を方向付ける「第3期教育振興基本計画」（2018年6月15日、閣議決定）には、前掲の自民党提言がほぼそのまま取り込まれた。

これらの動向は、教育政策が教育関係諸団体と当局との協議、協力のもとに決定され、実行されるというユネスコ勧告に代表される教育の国際常識・慣習から日本の教育政策が逸脱、離反している証にほかならない。人間を共同で育てる教育の条理・本質に照らし、公教育を党派的・権力的に支配し、教育共同を損壊するこのような教育政策は主権者国民の立場から到底容認できない。

2 教育共同戦線の構築

「教育再生」という「戦後教育」への総攻撃と公教育支配に対し、個人や団体が幅広く連帯・共同して反撃する臨戦態勢、教育共同戦線の構築は焦眉の課題である。

「戦後教育」＝第2次世界大戦後の教育改革では、憲法・教育基本法などの教育基本法制の確立とならび、それを推進する教職員団体、民間の活動が重視された。教員組合の結成が、国際的支持のもとで、GHQの一連の日本民主化政策で促進され、戦前の教育運動関係者がその中心になった。文部大臣と全教協（全日本教員組合協議会）が団体協約を締結し（47年3月）、100％加入の日教組（日本教職員組合、47年6月）が結成された。その「綱領」は、教職員の地位の確立、教育の民主化と研究の自由の獲得、平和・民主国家の建設を掲げ、6・3・3制完全実施など戦後教育改革の完全実施を政府に迫る運動を推進した。高校では日本高等学校教職員組合協議会（全高教、50年6月）、日本高等学校教職員組合（日高教、56年5月）が結成された。

教育共同組織として、教育民主化協議会（47年1月［46年4月、準備会］）、全教協、全国父兄会、産別など約30団体）、それが発展した**中央教育会復興会議**（48年6月、日教組、日本社会党、日本共産党など中央44団体と地方教育復興会議33代表）が結成され、復興会議は「教育の復興が生産の復興と民族の独立の基礎」などを宣言した大会決議と「教育復興共同プログラム」（約70項目）に基づき、教育予算増加、教育施設整備、教育費軽減、教員の生活擁護、教育委員会の民主化などの運動を全国的にすすめた。

今日、国際人権A規約13条・「2018年問題」を契機として、有償教育の肥大化と戦後教育の敵視・空洞化政策で壊された日本の教育を再建し、無償教育社会の実現をめざす新たな教育共同戦線の構築がふたたび求められている。

「はじめに」でのべたように、教育は人間の発達、社会の進歩の根源であるが、世代毎に能力形成を繰り返す「絶対的限界」があり、他方、人類の蓄積する正負の文明は膨張を続け、やがてその乖離が制御不能の域に達することが予感される（例＝戦争、原爆、原発・環境破壊、AI［人工知能］）。教育に過度に依存する人類は、教育に失敗すれば滅ぶしかない。非力な「教育の力」を飛躍的に高めるには、権力的統制と財政至上主義から解放され、その自由、共同、条件を最大限保障する制度の基盤―無償教育の確立が必要不可欠である。

そのような観点から、今日、あらためて国際教育法の理念と内容が注目されるべきであろう。国際人権A規約13条は、基本的人権の基礎として「教育への権利」と「人格の完成・尊厳」を中心に権利としての教育の目標を定め、その「権利の完全な実現」のため、①すべての段階の無償教育、②学校制度の発展、③完全な奨学金制度、④教育職員の物質的条件の不断の改善の4事項と学校の選択、教育の自由、学校の設置・管理の自由（最低限度の基準の遵守が条件）を公教育拡充の国際基準としている。

また、21世紀を展望して20世紀末に作成されたユネスコの教育職員の地位・役割に関する勧告・宣言（1996年、97年、98年等の文書）は、千年紀（1000年）の時代の転換期に、人類的課題の解決を担う民主的市民（社会参加、批判的思考力が中核）の育成を基軸に「教育最優先」を唱えているが、そこには予見される人類社会の危機克服、起死回生の悲願が込められていると解される。「教育再生」は未来を閉ざし、人権規約は未来を拓く。

無償教育社会を展望し、公教育拡充の国際理念・基準の実現が求められる。

【各章の註】（本文で引用した文献を除く）

1章

(1) 国際教育条約・勧告：○国際教育法研究会『教育条約集』（三省堂、1987年7月）、○堀尾輝久・河内徳子編『平和・人権・環境 教育国際資料集』（青木書店1998年11月）

(2) 国会図書館調査及び立法調査局『我が国が未批准の国際条約一覧』2009年1月

2章

(1) 国際人権A規約の成立過程：八木英二『教育権をめぐる第二次大戦後の国際的合意』（三学出版、2017年3月）

(2) 国際連盟・ユネスコの教育活動：○深山正光『国際教育の研究』（新協出版社、2007年8月）、○岩間浩『ユネスコ創設の源流を訪ねて』（学苑社、2008年5月）

(3) 三輪『教育学概論』（学文社、2012年）

(4) 人類史における共同体と教育：○山際寿一・鎌田浩毅『ゴリラと学ぶ―家族の起源と人類の未来』（ミネルヴァ書房、2018年2月）―「共同の子育てという行為が人間の社会性をつくった」（山際）、○ユヴァル・ノア・ハラリ、柴田裕之訳『サピエンス全史（上）（下）―文明の構造と人類の幸福』（河出書房新社、2016年9月）―「人類の社会的本能も、小さくて親密な集団にしか適応していなかった」「上限がおよそ150人」「協力は、ホモ・サピエンスの重要な特徴のひとつで、彼らを他の人類種よりも決定的に優位に立たせた」「個人のレベルでは、古代の狩猟採集民は、知識と技能の点で歴史上最も優れていた」「平均的なホモ・サピエンスの脳の大きさは、狩猟採集時代以降、じつは縮小した」。○更科功『絶滅の人類史―なぜ「私たち」が生き延びたのか』（NHK出版、2018年1月）―「ヒトが共同で子育てをしてきたために進化した」「他の類人猿より子どもをたくさん作れる」「進化では『子供を多く残した方が生き残れる』」「オスが、メスや子のために食物を手で運ぶために、直立二本足歩行を始めた」

3章

(1) 神奈川県新名学園旭丘高校全学協議会など
(2) 奨学金の会関係：同会『奨学金の会News』（NO・1〜111〔2018年6月27日〕）
(3) 無償教育に関する科学研究費研究グループ関係：文献2⑭

5章

(1) 教育費調査：◯文科省『子供の学習費調査』、◯日本学生支援機構『学生生活調査結果』、◯東京私大教連『私立大学新入生の家計負担調査』
(2) 大学の国際比較：中教審・将来構想部会の参考資料「世界の高等教育をめぐる状況について」、その他。中国の例は西安外国語大学の授業（受講者105人、担当・三輪、2014年）
(3) 日本教師教育学会年報23号〔2014年〕・孫群姍論文
(4) 国立教育政策研究所『教員環境の国際比較―OECD国際教員指導環境調査（TALIS）2013年調査結果報告書』（明石書店、2016年6月）
(5) 少子化や若者の意識調査：◯内閣府『少子化社会対策白書』（2013年版）、◯内閣府『子ども・若者白書』（2014年版）、少子化論：◯増田寛也『地方消滅―東京一極集中が招く人口減少』（中新新書、2014年8月）、◯山下祐介『地方消滅の罠』（筑摩書房、2014年12月）、◯加藤久和『8000万人社会の衝撃』（祥伝社、2016年7月）、◯河合雅史『未来の年表』（講談社、2017年6月）、◯内田樹『人口減少の社会学』（文藝春秋、2018年4月）、◯河合雅史『未来の年表2』（講談社、2018年5月）

6章

(1) ◯日本教育行政学会研究推進委員会『教育機会格差と教育行政』（福村出版、2013年9月）、◯耳塚寛明『教育格差の社会学』（有斐閣アルマ、2014年1月）、◯日本財団・子どもの貧困対策チーム

『子供の貧困が日本を滅ぼす』（文春新書、２０１６年９月）、○中村文夫『子どもの貧困と教育の無償化』（明石書店、２０１７年８月）、○末冨芳『子どもの貧困対策と教育支援』（明石書店、２０１７年９月）、○橘木俊詔『子ども格差の経済学』（東洋経済新報社、２０１７年７月）、○三輪定宣「貧困の打開策と教育」『季刊・自治と分権』ＮＯ69（２０１７年10月）、○阿部彩ほか『子どもの貧困と食格差』（大月書店、２０１８年４月）

(2) 著書：○小林雅之編著『教育機会均等への挑戦―授業料と奨学金の８カ国比較』（２０１２年10月）、○奨学金問題対策全国会議『日本の奨学金はこれでいいのか！』（あけび書房、２０１３年10月）、○久米忠史『奨学金―借りる？借りない？見極めガイド』（合同出版、２０１５年４月）、○給付型奨学金研究会『大学進学のための全国〝給付型〟奨学金データブック』（産学社、２０１６年12月）、○岩重佳治著『「奨学金」地獄』（小学館新書、２０１７年２月）、○大内裕和著『奨学金が日本を滅ぼす』（朝日新聞出版、２０１７年２月）、○今野晴貴『ブラック奨学金（文春新書、２０１７年６月）』、○本山勝寛『今こそ「奨学金」の本当の話をしよう』（ポプラ社、２０１８年２月）、○横山真『新聞奨学生　奪われる学生生活』（大月書店、２０１８年２月）、○竹下さくら『「奨学金」を借りる前にゼッタイ読んでおく本』（青春出版社、２０１８年４月）

調査：○中央労福協『奨学金に関するアンケート報告書』（２０１５年９月実施）、○全国大学生協連『奨学金制度に関するアンケート結果報告』（２０１７年２月）、○全日本教職員組合『奨学金ＭＡＰ・全国自治体別奨学金制度の調査結果』（２０１７年２月）、○全国大学院生協議会『大学院生の研究・生活実態に関するアンケート調査報告書』（２０１７年11月、毎年調査）、○日本学生支援機構『平成28年度奨学事業に関する実態調査報告』（２０１８年６月、３年毎調査）

７章

(1) 私学経営の構造転換：細川孝「日本の高等教育と大学設置法人」、重本直利「『無償教育の漸進的導

入』と大学財政の構想転換」（参考文献1⑭）

(2)　教育保障制度論（三輪執筆論文）：◯日本育英会労働組合・日本育英会の奨学金制度廃止に反対し、拡充を求める各界連絡会議（会長・三輪）編著『亡国の「奨学金つぶし」を告発する』（健友館、2003年2月）、◯「国立大学法人化で新局面を迎える高学費と大学の未来」『前衛』2004年6月号、◯「憲法、教育基本法、国際人権規約を生かした社会を」『クレスト』68号（2006年11月）、◯「無償教育の新たな前進と教育保障制度の構想」『人間と教育』65号（2010年3月）、◯「無償教育とそのプログラム」『子ども白書2010』（2010年8月）、◯「教育条件整備・教育無償化の意義と課題―国際人権A規約13条と教育保障制度の展望」『クレスコ』177号（2015年12月）、◯奨学金の会『無償教育と権利としての教育の実現に向けた提案』（政府宛文書、2018年5月）

8章

(1)　歴史的背景・経緯：田中宏「朝鮮学校差別の見取図」『世界』（2018年5月号）。

(2)　①人種差別撤廃委員会勧告（2010年2月）＝「北朝鮮の学校を除外することを示唆する複数の政治家の姿勢」を懸念し、「教育の機会均等の提供において差別がないこと」。

②日弁連「高校無償化法案の対象学校に関する会長声明」（2010年3月5日）＝「教育を受ける機会は、政治・外交問題に左右されてはならず、朝鮮学校に通う子どもたちについても変わることなく保障されるべきものである。」「法の下の平等（憲法第14条）に反するおそれが高く、さらには、国際人権（自由権・社会権）規約、人種差別撤廃条約、子どもの権利条約が禁止する差別にあたるものであって、この差別を正当化する根拠はない。」

③就学支援金支給法を審議する衆議院・文部科学委員会質疑（2010年3月9日、『衆議院文部科学委員会議録第5号』）　三輪定宣参考人：排除は「国際的にも相当大きな問題に発展」、「国際法規は、すべて、あらゆる種類の差別を厳しく禁止する流れ」「国際人権規約も、教育の目的として、諸国民の間の友好と

平和を促進するということを明確に示している」「アジアの友好とか世界の友好について考えていただきたい。」

(3) 韓国市民の間には朝鮮学校支援の運動が広がっている。「ウリハッキョ（注―私たちの学校）と子どもたちを守る市民の会」（2014年6月結成）などの活動である。

9章

(1) 1966年立法時の共同研究：宗像誠也・三輪定宣ほか「『教師の地位に関する勧告』と日本の教育行政」『東京大学教育学部紀要』第10巻（1968年3月）。

(2) 三輪「教師の地位と待遇」『教師教育研究ハンドブック』（日本教師教育学会編、学文社、2017年9月）

(3) 「（1996年）教師の役割と地位に関する勧告」（文部省仮訳）：日本国際理解教育学会『国際理解教育』第3巻（1997年6月）

(4) 1997年立法時の研究：三輪「大学と世界」『21世紀の大学像を求めて』（日本科学者会議大学問題委員会（委員長・三輪）、水曜社、2000年6月）

(5) ◯三輪「大学の自治と大学財政―その危機と展望―」『法と民主主義』NO．519（2017年6月）、京都私大教連ほか『新版大学教職員のための権利ハンドブック』（かもがわ出版、2018年5月）

10章

(1) 三輪が関係した教育改革検討会議：◯第二次教育制度検討委員会『第二次教育制度検討委員会報告書―現代日本の教育改革』（勁草書房、1983年8月）、◯日本の教育改革をともに考える会『人間らしさあふれる教育をめざして』（フォーラム・A、2000年2月）、同『21世紀への教育改革をともに考える』（同、2000年6月）

(2) 最近の子ども・若者の実態：内閣府『子ども若者白書』（平成26年度）ほか

11章

(1) 奨学金の会は国政選挙の都度、教育予算、教育無償化、奨学金についてアンケート調査を実施している。2014年12月総選挙時の各党回答は「OECD水準の教育予算増額」に賛成が自民党、民主党、維新の党、次世代の党、日本共産党、生活の党、社会民主党（公明党無回答）、反対はゼロであった（『奨学金の会News』82号、2014年12月9日）。文部科学省「第3期教育振興基本計画」（2018～22年度の5年計画）は、「OECD諸国など諸外国における公財政支出など教育投資の状況を参考とし（中略）財源を措置」とのべている。

(2) 「日本の財政悪化、有識者10人はこうみる」（朝日新聞、18年5月6日）によれば、財政悪化の最大の理由は政治8人、国民世論6人、財務省4人、転換点は80年代以前5人、財政再建は数十年かかる7人、などである。

おわりに

(1) 『経済』252号（2016年9月）「特集・安倍「教育再生」のねらい」（三輪「安倍教育改革の危険性と無償教育の展望」など）

【参考文献1】国際人権A規約13条関係（三輪以外、2005年以降）

①2005年2月：日本私大教連『特集：〝2006年問題〟国際人権規約・高等教育無償化条項の留保撤回を』（NEWS LETTER NO・59）

②2005年3月：全大教・日本私大教連『高等教育無償化条項の留保を撤回し、学費負担の軽減、高等教育予算の増額を―〝2006年問題〟資料集』

③2005年3月：「解説：社会権規約―2005年を政府に対する要請行動開始の年に」（大学評価学会「2006年問題」分科会資料）

④2005年11月：田中昌人『日本の高学費をどうするか』（新日本出版社）
⑤2006年11月：戸塚悦郎「高等教育と学費問題―日本における国際人権（社会権）規約13条違反について」『国際人権法政策研究』第2巻第2号（国際人権政策研究所）。
⑥2010年3月：角岡賢一「国際人権規約・高等教育無償化条項を巡る諸国の動向」『龍谷紀要』第32巻第1号』
⑦2011年5月：渡部昭男「『無償教育の漸進的導入』に係る政策変容：高校授業料無償化を中心に」『龍谷大学社会科学研究年報』第41号。
⑧2011年6月：国庫助成に関する全国私立大学教授会連合「留保撤回」ブックレット編輯委員会『誰もがお金の心配なく大学で学べるように』
⑨2012年8月：世取山洋介・福祉国家構想研究会『公教育の無償性を実現する』（大月書店）
⑩2013年3月：大学評価学会『高等教育における「無償教育の漸進的導入」―授業料半額化への日韓の動向と連帯』（大学評価学会シリーズ「大学評価を考える」第6巻）
⑪2013年3月：中内康夫『立法と調査―社会権規約の中等・高等教育無償化条項に係る留保撤回：条約に付した留保を撤回する際の検討事項と課題』（国会図書館調査室）
⑫2013年11月：野瀬正治「高等教育の漸進的無償化の留保撤回の意義と新たな規範―国際人権A規約13条2（c）を中心に」『関西学院大学社会学部紀要』117号。
⑬2014年3月：田中秀佳「国際人権法における教育の漸進的無償化―日本政府による社会権規約13条2項への留保撤回の意義」『日本教育法学会第43号』（2014年3月）
⑭2014年3月：細川孝編著『「無償教育の漸進的導入」と大学界改革』（龍谷大学社会科学研究年報第101号、晃洋書房）
⑮2016年3月：渡部昭男「後期中等・高等教育における『無償教育の漸進的導入』の原理と具体策―

(2) 2015―16年度の研究成果と課題」『神戸大学大学院人間発達環境学研究科紀要』第10巻第2号(2016年)―科研費研究の成果の分析と関係論文の解説。
⑯2018年6月:渡部昭男「国際人権A規約と教育無償化の理想」『教育と医学』6月号

【参考文献2】同(三輪執筆、2005年以降)

三輪の著作全体は『三輪定宣業績一覧―経歴・著作・記事・講演等―』(2012年11月〔戸倉書院作成〕、追加版2017年12月、著作1226点)に収録した。ここではそのうち本書の主題である国際人権A規約13条・無償教育関係文献目録(2005年以降)を掲載した。あらかじめその大要を解説する。

国際人権A規約13条が定める公教育拡充の国際基準は、それが採択された1966年以降、日本国内でも関心が寄せられ、とくに79年の批准以降、教育条件整備の理論的基礎として運動や政策に影響を与えた。その総括的検証は省くが、三輪個人の例を通して研究者や教育運動の関係者が、その実現に寄与した足跡の一端をたどってみたい。かつて教育行政学の先達、恩師の宗像誠也東大教授の「憲法26条から出発する教育行政学」の提唱になぞらえば、「国際人権A規約13条から出発する教育行政学」の軌跡である。

規約13条の定める無償教育・奨学金への関心は、教育財政の専攻を志した私の研究の〝初心〟であり、卒業論文「教育保障」(1963年)、修士論文「貧困と公教育制度」(1965年)はその所産であった。また、同条の規定する「教育職員の物質的条件の改善」も研究の重点であり、大学院時代のユネスコ・ILO「教師の地位に関する勧告」(1966年)の共同研究『東京大学教育学部紀要』第10巻(1968年)では教員給与の国際比較を行った。

また、教職員組合の教育条件整備運動に研究者として協力し、関連する論文の執筆、講演、会議の出席などを行った。全国規模の運動組織では、国民教育研究所(64年~離任年は省略)、日教組・賃金時間短縮専門委員会(70年~)、教育研究集会助言者・共同研究者(70年~)、第2次教育制度検討委員会(81年

〜)、日教組・教育改革研究委員会(87年〜)、日本科学者会議・大学問題委員会(83年〜)、民主教育研究所(90年〜)、全教・教職員権利憲章委員会(93年〜)、行政改革を考える国民懇談会世話人(96年〜)、日本の教育改革をともに考える会(97年〜)、そのほか下記の奨学金関係の運動団体などである。

国際人権A規約13条への社会的関心の高まりは、1979年6月の規約批准後であり、私の論文や活動もその動向を反映している。

1980年代初頭の第二次臨時行政調査会答申の教育費全面的削減に対する第二次教育制度検討委員会報告書(83年9月)の国際人権規約に基づく反論(専門調査委員として起草に参加)、奨学金の有利子制導入に対す衆議院文教委員会の参考人意見陳述(84年6月)での同規約に基づく反論である(3章1)

その後の教育費・教育条件に関する論文や講演では、総じて政策批判の観点として国際人権規約を取り上げた。委員として参加した全教「教職員権利憲章」は規約の継承を明記した(95年)。三輪著『高等教育の無償化を考える—高学費政策の現状と私大助成運動の展望』(講演記録、大学改革双書4、東京高等教育研究所発行、97年11月)は、国際人権A規約13条の無償教育条項を教育と社会の改革原理として全面的に論じている。

とりわけ、2001年5月、社会権規約委員会が日本政府に対し国別審査の最終見解で2006年5月までに留保撤回の検討を勧告したことを契機に(「2006年問題」)、2001年11月、「日本育英会の奨学金制度廃止に反対し、拡充を求める各界連絡会」(議長・三輪)、2005年10月、「国際人権A規約13条の会」(共同代表・三輪)、2007年12月、「国民のための奨学金制度を拡充し、無償教育をすすめる会」(「奨学金の会」、会長・三輪)が相次ぎ結成され、無償教育条項を強調する論文、講演、その他の活動が増加した。2005年以降の関係論文目録は以下の通りである。

○論文目録(2005年以降)

【2005〜09年】

①2005年12月：「これでいいのか、保護者負担」『クレスコ』57号

②2006年5月：「公教育の教育費保障」『現代教育のキーワード』（教育科学研究会、大月書店）

③2006年5月：書評　田中昌人「日本の高学費をどうするか」『大学マネジメントと大学評価』（大学評価学会年報2号）

④2006年6月：『日本を滅ぼす高学費政策』（学生支援機構労働組合）

⑤2006年10月：「教育費の無償化の根拠とその展望」『女性と運動』290号

⑥2006年11月：「憲法、教育基本法、国際人権規約を生かした社会を」『クレスコ』68号

⑦2006年12月：「平和の基礎としての無償教育」『平和教育』71号

⑧2008年9月：「教育費は、自己責任ですか―夢を見られる社会に転換を」『女性のひろば』357号

⑨2008年12月：「学ぶ権利と教育無償化」『女性と運動』12月号

⑩2008年12月：「日本の学費はなぜ高いのか」『協《かな》う』12月号

⑪2008年12月：「生徒の修学・進路保障と無償教育の確立」『高校のひろば』69号

⑫2009年1～5月：「教育は『自己責任』なのか①～⑯」『高知民報』2033～2049号

⑬2009年3月：「大学の役割と学費を考える（1）（2）」『民主青年新聞』2721～2722号

⑭2009年10月：「学ぶ幸せをつかみとろう―学費無償化は世界の流れ」『Medi-Wing』45号

【2010～14年】

⑮2010年3月：「無償教育の新たな前進と教育保障制度の構想」『人間と教育』65号

⑯2010年8月：「無償教育とそのプログラム」『子ども白書2010』

⑰2012年11月：「第8章　教育の理念ー教育の平等と無償制」『教育学概論』（三輪著、学文社）

⑱2013年1月：「国際人権A規約13条の留保撤回の意義と課題」『東京革新懇ニュース』378号

⑲2013年3月：「書評　公教育の無償性を実現する」『経済』3月号

⑳2013年4月：「無償教育を前進させるために」『経済』4月号
㉑2013年8月：「教育無償化の必然性と運動の可能性」『学習の友』720号
㉒2014年1月：「教育費の無償化の意義と今後の課題」『新しい高校教育をつくる』（小池由美子編著、新日本出版社）
㉓2014年5月：「高校無償化をめぐる動向」『人権と部落問題』857号
㉔2014年7月：「教育条件整備基準立法の未成立」『教育法の現代的争点』（日本教育法学会年報、法律文化社）
㉕2014年8月：「深刻な教育費問題と無償化の展望」『子ども白書2014』
㉖2014年10月：「高校・大学の無償化・給付奨学金の導入・拡大を」『女性と運動』386号
㉗2014年10月：「誰もがお金の心配なく学べるように」『中小商工業研究』121号
㉘2014年12月：「憲法と教育を受ける権利―奨学金問題と改憲路線下の教育改革」『どうする⁉ 私たちの憲法』（社会理論研究第15号、社会理論学会編、千書房）

【2015〜18年】

㉙2015年8月：「「戦後70年」と大学教育・無償教育をめぐる日中研究交流の展望」『大学政策・評価における多様性と包摂性』（大学評価学会年報11号、晃陽書房）
㉚2015年12月：「教育条件整備・教育無償化の意義と課題―国際人権A規約13条と教育保障制度の展望」『クレスコ』177号。
㉛2016年9月：「安倍教育改革の危険性と無償教育の展望」『経済』252号
㉜2016年9月：『朝鮮高校就学支援金差別事件に関する意見書』（福岡高裁小倉支部）
㉝2017年5月：「憲法「改正」と教育無償化の問題」『婦人通信』5月号
㉞2017年8月：「給付型奨学金の創設と教育無償化」『子ども白書（2017年）』

㉟２０１７年９月：「貧困の打開策と教育―社会教育・地方自治の観点を踏まえて―」『季刊・自治と分権』69号
㊱２０１７年11月：「国際人権Ａ規約13条をめぐる「２０１８年問題」―奨学金の会10周年プレ企画から―」『民研だより』ＮＯ．１３４
㊲２０１８年３月：「教育無償化・奨学金と『２０１８年問題』―迫られる政府の国際人権Ａ規約13条履行義務―」『経済』２７０号
㊳２０１８年５月：「教育無償化は憲法を変えなくても出来る―対応迫られる国際人権Ａ規約13条「２０１３年問題」」『人権と部落問題』５月号
㊴２０１８年５月23日：「国際人権規約13条「２０１８年問題」市民報告書（試案）『無償教育と教育への権利の実現に向けた提案』」
㊵２０１８年８月：「憲法「改正」と教育無償化・人づくり革命―国際人権Ａ規約13条・無償教育条項の実行こそ政府の義務―」『女性白書２０１８』

三輪定宣（みわ　さだのぶ）
1937年静岡県三島市生まれ。東京大学教育学部卒業、同大学院教育学研究科博士課程修了。千葉大学教育学部教授などを経て現在、千葉大学名誉教授、帝京短期大学教授。国民のための奨学金制度の拡充をめざし、無償教育をすすめる会（奨学金の会）会長。
著書に『教育法の現代的争点』（2014年、法律文化社）、『新しい高校教育をつくる』（14年、新日本出版社）、『先生、殴らないで！　—学校・スポーツの体罰・暴力を考える』（13年、かもがわ出版）、『教育学概論』（12年、学文社。教師教育テキストシリーズ全15巻（三輪・編集代表）の第1巻）など。

装丁＝小林真理（スタルカ）
写真提供＝ピクスタ

無償教育《むしょうきょういく》と国際人権《こくさいじんけん》規約《きやく》——未来《みらい》をひらく人類史《じんるいし》の潮流《ちょうりゅう》

2018年 8月 30日　初　版

著　者　三　輪　定　宣
発行者　田　所　　稔

郵便番号　151-0051　東京都渋谷区千駄ヶ谷4-25-6
発行所　株式会社　新日本出版社
電話　03（3423）8402（営業）
03（3423）9323（編集）
info@shinnihon-net.co.jp
www.shinnihon-net.co.jp
振替番号　00130-0-13681
印刷・製本　光陽メディア

落丁・乱丁がありましたらおとりかえいたします。

ISBN978-4-406-06265-7 C0037　Printed in Japan